Ole Petersen

IRONMAN

Das 8-Stunden-Triathlon-Programm
Vom Anfang bis zum Finish

Rowohlt Taschenbuch Verlag

5. Auflage Juni 2006

Originalausgabe
Veröffentlicht im
Rowohlt Taschenbuch Verlag,
Reinbek bei Hamburg, Juni 1998

Umschlaggestaltung Büro Hamburg
(Foto: BONGARTS Sportfotografie)
Satz Minion und Franklin Gothic PostScript,
QuarkXPress 3.32
Gesamtherstellung Clausen & Bosse, Leck
Printed in Germany
ISBN 13: 978 3 499 19471 9
ISBN 10: 3 499 19471 6

Inhalt

Für meine Freunde Bernd,
Chrigel, Hansruedi und Henner

Vorwort

Vor einigen Jahren wurde ich von einem Sportjournalisten gefragt, ob ich denn ein Idol hätte oder jemanden speziell bewundere im Triathlon? – Darauf habe ich ihm geantwortet, daß weder Dave Scott noch Mark Allen Idolfiguren für mich seien. Vielmehr bewundere ich Athleten, welche zu 100 Prozent einer Arbeit nachgehen, nebenbei noch 5–10 Stunden trainieren und mit diesem geringen Trainingsaufwand noch Ironman-Finisher sind.

Vor der Zeit, als mich Seppo Nuttilla trainiert hat, habe ich in der Woche bis zu 40 Stunden Hochleistungssport betrieben. Ich erinnere mich noch gut an mein erstes Trainingslager unter seiner Leitung. Ich bin verwirrt gewesen, als ich die Wochenstundenzahl zusammengezählt habe und bloß auf 24 Stunden gekommen bin. Doch nicht nur allein die reduzierte Stundenzahl hat in mir Unglauben geweckt, auch die ungewohnt tiefe Intensität ist mir völlig suspekt vorgekommen. Sofort habe ich Seppo in Finnland angerufen, um ihn auf den Fehler in meinem Trainingsaufbau aufmerksam zu machen. Von Fehler keine Spur! – Ich soll mich in Geduld üben und ihm einfach vertrauen. Das habe ich dann für den Rest des Trainingsaufbaus auch getan und 4 Monate später mit 10 Minuten Vorsprung den Powerman in Zofingen gewonnen.

Diese und noch viele solcher Erfahrungen haben mir während meiner Karriere gezeigt, daß nicht allein die Qualität und Quantität des einzelnen Trainings wichtig sind. Der Schlüssel zum Erfolg liegt vielmehr in der Kunst, die richtige Trainingseinheit zum richtigen Zeitpunkt auszuüben. Konkret will ich damit sagen, daß jeder gesetzte Trainingsreiz um einiges besser vom Körper adaptiert wird, wenn der Erholung zwischen und nach der sportlichen Betätigung genügend Wichtigkeit beigemessen wird.

«Schläfst du eigentlich sogar mit der Pulsuhr?» – So werde ich oft auf meinen stetigen Begleiter im Training sowie im Wettkampf angesprochen. Ich habe die Pulsuhr als mein bestes Trainingsmittel und zuverlässigen Trainingspartner kennen- und schätzengelernt. Athleten, die ihr Körpergefühl durch regelmäßiges Training noch nicht ausgeprägt sensibilisiert haben, sollten nicht auf einen Pulsmesser verzichten. Nur so wird es dem Athleten möglich sein, mit geringem Aufwand effizient ein gesetztes Ziel zu erreichen.

Um außergewöhnliche Ziele zu erreichen, reicht ein regelmäßiges Körpertraining allein bei weitem nicht aus. Der Weg zum Ziel soll eine Vision darstellen, welche durch Disziplin, mentales Training, gute, ausgewogene und vielseitige Ernährung und körperliches Training unterstützt wird.

Ich habe den Eindruck, daß uns dieses Buch nicht lehren will, Athlet zu sein, sondern wir sollen selber lernen, Athlet zu sein. Schlußendlich muß es jedem sporttreibenden Menschen gelingen, sein Körpergefühl so weit zu verfeinern, daß er sein eigener Trainer sein kann. Um dies zu erreichen, müssen wir uns immer und überall bewußt werden, was wir unserem Körper zufügen oder zugute tun.

Ich bin davon überzeugt, daß es jedem Leser dieses Buches gelingen wird, einen Ironman mit einem Trainingsaufwand von rund 8 Stunden in der Woche zu finishen. Schon jetzt wünsche ich allen Athleten und Athletinnen viel Spaß im Training und im Wettkampf. Denn wieviel Spaß und Schmerzen wir im Sport zulassen, liegt in uns selbst.

Olivier Bernhard
viermaliger Gewinner des
Powerman / Zofingen

Einführung – oder: Gründe, es zu tun oder zu lassen

Dieser Leitfaden und Ratgeber richtet sich an alle Freizeit- und Hobbysportler und -sportlerinnen[1], die schon mal mit dem Gedanken gespielt haben, einen Triathlon über die Ironman-Distanz zu absolvieren (Ironman-Distanz = 3,8 km Schwimmen, 180 km Radfahren und 42,2 km Laufen, non stop, d. h., die Uhr läuft ohne Pause).

Hauptzielgruppe sind die potentiellen «Finisher» mit Beruf und Familie und nicht die Leistungssportler, die um Zeiten und Plazierungen kämpfen oder gar ihr Geld mit dem Sport verdienen wollen (Finisher = Teilnehmer, der die Distanzen innerhalb der Zeitlimits absolviert).

Dieser Leitfaden zeigt einen Weg, wie es möglich ist, das Abenteuer «Ironman» zu bewältigen, und zwar mit einem Zeiteinsatz von maximal 8 Stunden pro Woche für das Training.

Durch die Tips und Tricks werden Vorbereitungszeit und Lernphase erheblich verkürzt, und das Ziel rückt damit näher. Auf sportwissenschaftliche und sportmedizinische Untersuchungen, Belege und Beweisführungen wurde bewußt verzichtet, ebenso auf lange Erklärungen, warum und weshalb der angehende Ironman die einzelnen Schritte befolgen sollte.

Vielmehr beruhen alle Angaben auf Erfahrungen, die ich am eigenen Leib, zum größten Teil sehr zeitaufwendig und kostenintensiv, gemacht habe.

Ich möchte Sie, liebe Leserinnen und Leser, dazu ermutigen, sich Ihren eigenen Traum vom Ironman zu verwirklichen. Ich hoffe, mein Leitfaden wird Ihr ständiger Begleiter zu einem der letzten Abenteuer unserer Zeit: «**Ironman**».

Gründe, es nicht zu tun

«Ich wollte schon immer mal …»

Die Gründe, warum Sie es bisher nicht getan haben, sind vielfältig, um einige Beispiele zu nennen:

«… dafür habe ich nie Zeit.»

Vorurteil:
Ist denn Triathlon nicht die Sportart, bei der alle, die sie betreiben, von

[1] Liebe Leserinnen, aus Gründen der Vereinfachung habe ich die männlichen Begriffe (Sportler, Athlet, Triathlet etc.) gewählt. Natürlich sind Sie auch gemeint. Leider haben bisher nur die Veranstalter des Duathlons in Zofingen den Begriff «Woman» benutzt. «Don't worry – be an Ironwoman».

unglaublich vielen Wochenstunden an Training reden? So an die 20–30 Stunden pro Woche muß man da schon trainieren, sonst ist an so was überhaupt nicht zu denken. Außerdem ist da noch die Familie und der Beruf. In diesen beiden Lebensbereichen wird einem schließlich schon genug abverlangt.

Fakten:
Erfolgreiche Finisher trainieren im Schnitt 6½ Stunden pro Woche.

Dies ergab eine Befragung mit 120 Ironman-Absolventen, durchgeführt an unseren Seminaren Ende 1996 und Anfang 1997.

Lösung:
Ich werde Ihnen in den nächsten Kapiteln einen Weg aufzeigen, der es Ihnen ermöglicht, mit maximal 8 Stunden Training pro Woche Ihr Ziel zu erreichen.

Wenn Sie sich auf das Wesentliche konzentrieren, werden Sie wahrscheinlich weniger Zeit benötigen. Ich selber habe nie mehr als 8 Stunden pro Woche im Jahresschnitt trainiert (inkl. Wettkämpfe), meine Trainingsumfänge finden Sie im Fallbeispiel am Ende des Kapitels «Trainingssteuerung». Um auch mal von einem anderen Extrem zu berichten: Ich kenne einige Athleten, die pro Jahr zwei Ironmans erfolgreich finishen mit lediglich 2 Stunden Training pro Woche, allerdings ist dies nicht unbedingt die gesündeste Art.

«... das schaffe ich niemals!»

Vorurteil:
Die «Ironmänner = Eisenmänner» sind doch unheimlich harte Kerle, das ist nichts für jemanden, der schon nach 5 Kilometer Laufen außer Atem kommt.

Und hart muß man trainieren, so hart, daß einem permanent alles weh tut, von all den «Wehwehchen» und Blessuren ganz zu schweigen.

Das sind doch Masochisten!

Fakten:
Es wird um den Wettkampf «**Ironman**» ein bei weitem nicht gerechtfertigter Mythos und Heldenkult betrieben. Teils von den ständig nach Sensationen lüsternen Medien, teils auch von vielen Teilnehmern zur Selbstdarstellung.

Bezeichnenderweise wurde der Hawaii-Ironman in den USA erst so richtig berühmt, als der Sender ABC Bilder der kurz vor der Ziellinie zusammenbrechenden Julie Moss (heute Frau des 6maligen Ironman-Siegers Mark Allen) ausstrahlte.

In Deutschland trugen die Aussendungen einer Spiegel-TV-Reportage um Dr. Ulrich Strunz (er finishte in Roth «heldenhaft» mit einem Schienbeinbruch) zum verkehrten Image des Ironman bei.

95 Prozent aller Starter finishen einen Triathlon über die Ironman-Distanz. Die «DNF»-Quote ist verglichen mit anderen Ausdauerprüfungen eher gering (DNF = did not finish).

Es gibt mittlerweile an die 50000

1982

Kurz vor der Ziellinie, nach einer Start-und-nun-fast-Ziel-Führung, bricht Julie Moss zusammen. Sie verweigert jegliche Hilfe, steht nach einigen Sekunden wieder auf, geht ein paar Schritte und kollapst erneut. Im Zeitlupentempo kriecht sie nun auf allen vieren in Richtung «magic line» – zu langsam. 29 Sekunden vor ihr läuft Kathleen McCartney – sich der dramatischen Situation völlig unbewußt, da Julie von Helfern umringt ist – über die Finish-Line und wundert sich, daß man sie plötzlich als Siegerin feiert.

ABC filmt und sendet den gesamten «Leidensweg» der Julie Moss und erreicht damit später an den Fernsehschirmen eine paradoxe Reaktion: Kaum einer der Fernsehsessel-Athleten fühlt sich (wie von vielen befürchtet) abgeschreckt.

Im Gegenteil – in den darauffolgenden Jahren werden unter Triathlon-Anfängern als Motivationsgrund immer wieder die «bewegenden Szenen» über Julies Finish angegeben.

Scott Tinley schafft es zum ersten Mal, den Athleten zu besiegen, der später als schier unschlagbar gelten wird – Dave Scott. Aber mit Platz 2 zeigt der immer noch Zähne ...

Gordon Haller beweist auch hier Gespür für die Highlights des Rennens: Er finisht als 53ster in 11:09:39 – zwischen McCartney und Moss.

6. Februar 1982
Kailua Kona, Hawaii
Teilnahmegebühr:
85 $
580 Teilnehmer
541 Finisher
Sieger:
Scott Tinley
in 9:19:41 Std.
Kathleen McCartney
in 11:09:40 Std.

Sportler, die über diese Distanz erfolgreich waren.

Die Liste der Finisher reicht vom 75jährigen Großvater über eine 72jährige Nonne bis hin zum Behinderten mit einem Bein.

Ich selber konnte 1993 am «Diamond-Man» auf Ibiza Zeuge einer solchen außerordentlichen Leistung werden: Dominique Benassi finishte mit nur einem Bein über 5 km Schwimmen, 20 km Kajak im Meer, 100 km Rad und 21 km Laufen vor noch einigen anderen, nicht gehandicapten Teilnehmern. 1997 finishte innerhalb der Zeitlimite ein blinder Athlet den Ironman Lanzarote.

Es gibt keinen wirklichen Grund, warum Sie es nicht auch schaffen können! Richtig betrieben und nicht von falschem Ehrgeiz geblendet, ist Triathlon eine der, wenn nicht gar die gesündeste Sportart, die man ausführen kann.

Triathlon geht als Testsieger hervor aus einem Vergleich von 50 Sportarten, bei dem nicht nur gesundheitliche Aspekte bewertet wurden, sondern auch z. B. die Umweltverträglichkeit.

Den äußerst positiven gesundheitlichen Effekt bestätigen auch folgende Statements vom Triathlon-Symposium am 22. Juli 1995 in Bad Endorf:

a) Triathlon ist eine wunderbare Kombination der drei präventiv wirkenden Ausdauersportarten Schwimmen, Radfahren, Laufen.
b) Triathlon stellt eine vielseitige Ausdauerprüfung dar, die, unter vernünftiger Anleitung betrieben, aus gesundheitlicher Sicht als optimale Sportart bezeichnet werden kann.

Lösung:
Der Weg führt über sanftes, langsames und vor allem gesundes Training. Im Vordergrund stehen die «3 L» unseres Trainingsprinzips: locker, leicht und langsam.

«EINE GUTE KOMBINATION»,
findet auch Professor Raimund Sobotka vom Institut für Sportwissenschaften an der Uni in Wien. Denn in seiner ersten umfassenden Vergleichsstudie der 50 gängigsten Sportarten rangiert der vermeintliche Extremsport auf Platz eins.
Gesamtsieger Triathlon

- **NICHT NUR EXTREMSPORT:**
  Die Kombination von Schwimmen, Radfahren und Laufen trianiert alle Muskelpartien. Auch Freizeitsportler wie Klaus Deuschle schätzen den umfassenden Fitneßeffekt.

- **VERLETZUNGSRISIKO**
  und Umweltschäden halten sich beim Triathlon in Grenzen.

FOCUS Nr. 38 vom September 1995

Auch meine eigene Art zu trainieren war in den ersten zwei bis drei Jahren völlig daneben, ich möchte Ihnen diese Erfahrung ersparen.

«... Radfahren und Laufen ist ja o.k., aber das Schwimmen.»

Vorurteil:
Das Schwimmen ist das Schlimmste an der ganzen Sache.

Ich käme da als letzte/-r aus dem Wasser, wenn ich nicht vorher ertrinke.

Triathleten sind alle gute Schwimmer.

Fakten:
Das Schwimmen ist die unwichtigste Disziplin im Triathlon. In keinem Ironman-Wettkampf konnte bisher ein Athlet einen derart großen Vorsprung in der ersten Disziplin herausschwimmen, daß damit der Sieg entschieden worden wäre. Der Grundstein zum Erfolg wird stets beim Radfahren und Laufen gelegt. Wohlgemerkt: Es geht hier um die Ironman-Distanz und um das erfolgreiche «Finish» und nicht um Top-ten-Plazierungen.

Gemessen an dem gesamten Zeitverlust, den der letzte Finisher auf den Sieger hat, ist der Verlust beim Schwimmen immer der kleinste Teil. Gemessen am gesamten durchschnittlichen Zeitbedarf ist das Schwimmen die kürzeste Disziplin.

Die Schwimmleistungen im Mittelfeld eines Langdistanz-Triathlons sind verglichen mit mittelstarken reinen Schwimmern eher schlecht, da dem Triathleten schlichtweg die Zeit fehlt für ausreichendes Techniktraining.

Es ist motivatorisch wesentlich besser, als Letzter aus dem Wasser zu kommen und dann auf dem Rad und beim Laufen einige Plätze gutzumachen, denn als guter Schwimmer vorne mit dabeizusein und dann für den Rest des Tages «nach hinten durchgereicht» zu werden (Wolfgang-Dittrich-Syndrom). Der ehemalige Profi-Triathlet gewann in Hawaii regelmäßig und mit großem Vorsprung die Schwimm-Disziplin. Seinen herausgeschwommenen Vorsprung konnte er dann mit Mühe und Not, teils bis zum Ende der Radstrecke, verteidigen und wurde dann regelmäßig auf der Laufstrecke «überrannt». So erreichte er mehrmals Plätze in den Top ten, der große Erfolg blieb ihm aber mangels läuferischer Leistung verwehrt.

Lösung:
Viele gute Radfahrer, Läufer und Duathleten haben durch richtige Zielsetzung und mit entsprechender Anleitung ganz passable Schwimmleistungen zustande gebracht.

Aus zwei unserer Seminargruppen von je 30 Teilnehmern haben bereits acht «Nichtschwimmer» ihr Ziel «Ironman» erreicht.

Auch ich bin meine ersten drei Triathlon-Jahre nur brustschwimmenderweise unterwegs gewesen.

Probieren geht über Studieren, oder wer es etwas neuzeitlich wünscht: «Just do it».

Sie finden im Kapitel «Die Disziplinen im einzelnen» einige Ratschläge für geeignetes Schwimmtraining.

Das «Killer-Modul»

Sie werden sicher noch weitere tausend Gründe finden, warum Sie es nicht versuchen sollten, warum Sie es nicht wagten sollten, sich auf das Abenteuer «Ironman» einzulassen. Aber Sie können sicher sein, alle Gründe, die Sie finden mögen, lassen sich entkräften.

Sie brauchen sich nicht zu entschuldigen für Ihre Denkweise, denn die ist Ihnen angeboren. Ich nenne es das «Killer-Modul» in unserem Hirn. Es wird immer dann aktiv, wenn wir eine gute Idee haben oder uns einen Traum erfüllen wollen, der tief in unserer innersten Gefühlswelt verborgen ist. Das Killer-Modul ist sehr kreativ und hat nur eine Aufgabe: Sie davon abzuhalten, etwas zu tun.

Es beschäftigt Sie so lange mit den Risiken, mit den Pros und Contras und mit den Problemen, die auf Sie zukommen, wenn Sie eine Herausforderung annehmen, bis Sie die Idee bereits in Ihrem Hirn begraben. Da diese Vorgänge sich unbewußt und innerhalb von Millisekunden abspielen, haben wir wenig Chancen, diese zu beeinflussen. Aber Sie sollten sich diese Vorgänge bewußtmachen.

Als Übung bitte ich Sie, nachstehende Liste zu vervollständigen. Suchen Sie zu den Killer-Gründen die passenden Entgegnungen, um eine Herausforderung mit Motivation anzunehmen.

KILLER-GRÜNDE

Einrede	Herausforderung annehmen
Ich kann das nicht	______________________
Es ist viel zu schwer	______________________
Ich habe keine Zeit	______________________
Für andere o.k., aber für mich?	______________________
Das gibt nur Probleme	______________________
Das schaffe ich nicht	______________________
Ich habe Angst vor den Veränderungen	______________________
etc.	______________________

Sie sehen also: So viele «Killergründe» Ihr Modul auch ausspuckt – es gibt immer mindestens genauso viele Gründe, die Herausforderung anzunehmen.

Die Gründe, warum Sie bisher ihren Traum vom Ironman **noch** nicht verwirklicht haben, sind vielfältig. Es dennoch zu tun, weil man den inneren Wunsch dazu hat, vermittelt ein unglaubliches Glücksgefühl, das sich offenbart, wenn man die Finisher-Linie überschritten hat. Ich werde nie in meinem Leben die vielen Freudentränen vergessen, die ich auf den letzten Metern diverser Langdistanz-Triathlons in den Augen hatte.

Die Hürden

Sie werden auf Ihrem Weg zum erfolgreichen Ironman-Finish einige Hürden nehmen. Damit Sie noch besser darauf vorbereitet sind, möchte ich Ihnen einige schildern:

Das Unverständnis Ihrer Mitmenschen

Triathlon, zumal die Ironman-Distanz, ist in breiten Teilen der Bevölkerung als Spinner-Sportart bekannt. Erwarten Sie also selbst bei Ihren engsten Bekannten und Verwandten nicht allzuviel Unterstützung. Jedoch wirkt die ungläubige Bewunderung mancher Artgenossen häufig sehr motivatorisch. Die Menschen, denen Sie wirklich etwas bedeuten, werden Sie natürlich unterstützen, aber seien Sie auch dort etwas geduldig, bis man merkt, daß Sie es wirklich ernst meinen.

Das Zeitmanagement

Der Zeitbedarf steht im Konflikt mit Beruf, Familie und anderen Hobbys. Bewahren Sie sich davor, Triathlon als das Wichtigste auf der Welt anzusehen. Dieser Sport ist perfekt dazu geeignet, sich maßlos hineinzusteigern und dadurch die anderen Lebensbereiche gefährlich zu vernachlässigen.

Wenn es Ihr Ziel ist, ein Profisportler zu werden, und Sie sich die Konsequenzen dieser Zielsetzung vergegenwärtigt haben, dann haben sich natürlich die anderen Lebensbereiche unterzuordnen. Ansonsten versuchen Sie sich stets vor Augen zu halten, daß es sich um Ihr Hobby handelt, ein zwar recht intensives, aber eben der Lebensbereich, bei dem Spaß und Ausgleich im Vordergrund stehen sollten. Leider gibt es immer wieder gerade junge Athleten, die Ausbildung, Beruf und Familie wegen des Intensiv-Hobbys Triathlon extrem vernachlässigen. In der Folge stellen sich dann wegen der Probleme in Job und Beziehung auch nicht die gewünschten sportlichen Erfolge ein.

Der erfolgreiche und zufriedene Hobby-Triathlet hat das richtige Maß an investierter Zeit gefunden und schöpft aus dem Sport auch Motivation für Familie und Beruf. Trotzdem kommt es immer wieder zu Situationen, in denen ein hohes Maß an Verständnis von den Mitmenschen des angehenden Finishers notwendig wird. Um einige zu nennen: Trainingslager im Frühling werden in der Regel ohne Familie oder Lebenspartner absolviert. Für den Familienvater wird auch Urlaub außerhalb der normalen Schulferien nötig. Der Urlaubsort richtet sich nach Trainingsmöglichkeiten oder ist Ort eines Wettkampfes. Die nötigen Urlaubszeiten sind nicht immer mit den Wünschen der Arbeitskollegen oder den Erfordernissen des Arbeitsplatzes in Einklang zu bringen. Für diesen Problemkreis ist frühzeitige und offene Kommunikation mit allen Beteiligten das richtige Mittel. Beziehen Sie rechtzeitig Ihre Familie und Ihre Arbeitskollegen in Ihre Wünsche und Pläne ein.

Die Ernährung

Die zeitgerechte Ernährung ist besonders für einen Hobbysportler nicht einfach zu lösen. Es sind einige Umstellungen der normalen Essensgewohnheiten nötig, wenn man den Erfolgsfaktor Ernährung richtig nutzen will. Auch hier gilt: Hören Sie primär auf Ihren Körper. Essen Sie dann, wenn Sie Hunger haben, und nicht, weil es 12 Uhr ist.

Man sollte dieses Thema nicht überbewerten, da unser Körper ernährungsphysiologisch gesehen eine sehr effektive Umwandlungsmaschine ist, dennoch lohnt es sich für den angehenden Ironman, die Nahrung in sein Erfolgskonzept einzubauen. Konkrete Angaben finden Sie im Kapitel ‹Ernährung›.

Die Regeneration

Sie brauchen zusätzliche Regenerationszeit. Was vielen Hobbysportlern nicht klar ist: Der Sport, den Sie betreiben, hat durchaus einen ausgleichenden Effekt zu den Belastungen in Beruf und Familie, aber jede Art von Training stellt einen zusätzlichen Reiz für den Körper und auch für unseren Geist dar. Man spricht ja nicht umsonst auch von einem *Trainingsreiz.* Wir packen also zu den Reizen aus dem sonstigen Alltag noch zusätzliche Reize in Form von sportlicher Betätigung dazu.

Nur durch ausreichende regenerative Maßnahmen (Sauna, Massage, Spaziergänge, Meditation etc.) wird ein optimaler Trainingseffekt erzielt und auch der gewünschte Ausgleich hergestellt. Einzelne Maßnahmen und Vorschläge finden Sie im Kapitel ‹Regeneration›.

Triathlon ist keine Mannschaftssportart

Erwarten Sie keine ernstgemeinte Hilfe von Ihren Mitstreitern. Zeitsparendes Wissen und gute Tips werden nur selten bis gar nicht weitergegeben. Hüten Sie sich davor, Aussagen über Training, Material, Ernährung etc. ungeprüft zu übernehmen. Ob etwas für Sie gut ist oder Ihnen etwas bringt, weiß nur einer: Sie selbst! Probieren Sie selber aus, testen und prüfen Sie selber Nahrung und Trainingsmethoden. Achten Sie primär auf *Ihr* Gefühl und *Ihren* Körper.

Sollten Sie einmal völlig «von der Rolle», konfus oder verwirrt sein, dann besinnen Sie sich auf *Ihr* Ziel, so wie Sie es im Kapitel Zielsetzung definieren werden. Es wird Sie wieder auf den richtigen Weg bringen.

Fachmagazine dienen primär der Unterhaltung
Versuchen Sie nicht, alle Fachartikel auf sich zu beziehen, sondern prüfen Sie, ob die gemachten Aussagen für Sie und Ihr Ziel relevant sind. Damit ich nicht falsch verstanden werde: Ich zweifle überhaupt nicht an der Kompetenz meiner Kollegen, im Gegenteil, aber nicht alles, was mit Schwimmen, Radeln und Laufen zu tun hat, ist gleich Triathlon. Es ist zwar höchst interessant, wie z. B. Dieter Baumann trainiert, aber für einen Hobbysportler ist das nicht umzusetzen, da er andere Umfänge absolviert, andere genetische Veranlagungen und eine andere «*Kernproblematik*» hat:

Kernproblem Spitzenathlet:
Welche (neue) Art Trainingsreiz bringt mir maximalen Effekt?

Kernproblem Hobbyathlet:
Wie kann ich genügend Zeit freimachen, um überhaupt mal einen geeigneten Trainingsreiz zu setzen?

Triathlon ist nicht gleich Triathlon
In der Leichtathletik haben wir es schon lange akzeptiert, aber im Triathlon noch immer nicht: Die Distanz macht den Unterschied!

Bei den Leichtathletik-Disziplinen 100 m, 400 m, 1500 m und 10 000 m sind es jeweils andere Athleten, die die Szene beherrschen. Die Trainingsmethoden und die Anforderungen an die Athleten sind unterschiedlich.

Dies trifft auch auf die verschiedenen Distanzen im Triathlon zu, speziell auf den Unterschied zwischen der olympischen Distanz, auch Kurzdistanz genannt (1,5 km Schwimmen, 40 km Rad und 10 km Laufen), oder der original Ironman-Distanz, auch Langdistanz genannt (3,8 km Schwimmen, 180 km Rad und 42,2 km Laufen).

Die leistungsbestimmenden Faktoren der Kurzdistanz nach Fritz Zintl («Ausdauertraining», 1997):

LZA 3 (Langzeitausdauer 90 min. bis 6 Stunden):
- Höhe der anaeroben Schwelle
- Größe der maximalen Sauerstoffaufnahme
- Fettverbrennung
- Glykogenspeicher
- Elektrolyt- bzw. Wasserhaushalt

Im Gegensatz dazu die leistungsbestimmenden Faktoren der Ironman-Distanz LZA 4 (Langzeitausdauer über 6 Stunden):
- Fettutilisation
- Elektrolyt- bzw. Wasserhaushalt
- Kohlenhydratzufuhr
- Belastbarkeit des Binde- und Stützgewebes

Leider wird in der Triathlonliteratur dieser Unterschied eher vernachlässigt und meist alles in einen Topf geworfen. Wichtig ist für den potentiellen Langdistanz-Aspiranten herauszufiltern, was auf ihn zutrifft und was nicht.

Dies sind einige der Hürden, die Sie nehmen werden auf Ihrem Weg zur Finish-Line.

Ich schreibe bewußt nicht «... die Sie nehmen müssen, wenn Sie ...», da ich keine Sekunde an Ihrer Willenskraft und Ihrer Entschlossenheit zweifle,

Sie werden es schaffen!

Fallbeispiel Ole Petersen

Um Ihnen die Hürden noch bildlicher darzustellen und auch um Ihnen zu zeigen, daß ein Finish immer möglich ist, schildere ich hier meine ganz persönliche Triathlon-Erfahrung. Die Aufzählung meiner absolvierten Wettkämpfe als etwas Besonderes darzustellen liegt mir fern, da ich der festen Überzeugung bin, daß jede/r zu ähnlichen, meist gar besseren Leistungen fähig ist – vorausgesetzt, der Wille dazu ist vorhanden. Vielmehr möchte ich Ihnen wertvolle Zeit ersparen, indem ich meine recht typischen Fehler (ich habe fast alle gemacht) darstelle und wie Sie diese vermeiden können.

Meine Jugend verlief eher unsportlich. Außer ein paar von den Eltern mehr oder weniger aufgezwungenen Sportarten wie z. B. Tennis oder Handball waren meine Hauptinteressen auf anderen Gebieten zu suchen. 30–40 Zigaretten, das frisierte Moped und die Disco in der nächsten Kleinstadt waren mir weitaus wichtiger als Sport.

Mit 13 Jahren begab ich mich wegen ständiger Rückenschmerzen in ärztliche Behandlung. Zuerst wurde die Scheuermannsche Krankheit diagnostiziert, später fehlte mir ein Lendenwirbel, der zwei Jahre danach wieder auftauchte. Auf jeden Fall wurde mir in der 12. Schulklasse die Teilnahme am Schulsport untersagt (Original-Ton des Kreisarztes: «... Sie sitzen sowieso bald im Rollstuhl»). Besonders traurig um den fehlenden Schulsport war ich nicht, die Meldung mit dem Rollstuhl mußte ich jedoch erst einmal verdauen.

Auch während meines Studiums galt mein Interesse nicht dem Sport, sondern der Düsseldorfer Altstadt und den Studienkolleginnen. Erst kurz vor Ende des Studiums begannen meine ersten ernsthaften sportlichen Aktivitäten. Ich betätigte mich im Motorsport als Moto-Cross-Beifahrer im Seitenwagen. Meine Rückenschmerzen waren wie immer präsent und der Motorsport nicht geeignet, eine Besserung herbeizuführen. Dennoch betrieb ich den Sport mit Leidenschaft über 4 Jahre, bis mein zweiter Fahrer aus familiären Gründen den Motorsport aufgab.

Mittlerweile hatte ich eine plausible Diagnose meiner Rückenschmerzen:

Spondylolyse L5 (auf deutsch: Der 5. Lendenwirbel gleitet in das Becken), begleitet von zwei Bandscheibenvorfällen (Diskushernien) auf der gleichen Stufe.

1989
Aus beruflichen Gründen ziehe ich um in die Schweiz. Das Moto-Cross fehlt mir, ich fühle mich fett, träge und unwohl. Um Abhilfe zu schaffen, löse

ich ein Jahresabonnement im nächsten Fitness-Center. Der gewünschte Erfolg stellt sich jedoch nicht ein. Die Fettpolster um den Bauch werden durch das Muskeltraining noch mehr hervorgehoben, es stellt sich noch mehr Frust ein. Wie der Zufall des Lebens so will, ist einer der Fitness-Instruktoren aktiver und faszinierter Triathlet. Er animiert mich, es doch mal mit Triathlon zu versuchen.

Ich? Triathlon? Als Nichtschwimmer? Radfahren lernte ich erst mit 10 Jahren und Laufen ist mir ein Greuel. Dennoch bin ich interessiert, und Roland, der Fitness-Instruktor, hilft mir selbstlos mit vielen Tips und Trainingsplänen. Meine ersten Trainingseinheiten waren völlig daneben: Mit allem, was der Körper hergibt, hechte ich laufenderweise den nächstgelegenen Hügel hoch (es war der Bachtel im Zürcher Oberland, steil und erbarmungslos).

(Anfänger-)Fehler Nummer 1:
Mit hochrotem Kopf, aber ohne Hirn möglichst schnell herumrennen, bis einem die Puste ausgeht. In der Regel ist man dann nach ca. 35–40 Minuten wie es so schön heißt «fix & foxi».

Ich lerne auch Radfahren auf einem Rennrad (Roland lieh mir sein altes) mit Schaltung und Klick-Pedalen. Ich lerne auch, daß man beim Anhalten mit den Pedalen ausklicken sollte, nachdem ich dreimal umgefallen bin.

Nach einigen Monaten der Vorbereitungszeit ist es dann soweit: Der erste Triathlon rückt in greifbare Nähe. August 1989: Nur noch ein paar Tage bis zum Uster Triathlon (Kurzdistanz 1,5-40-10), der mein erster werden sollte. Dank meines Lehrers und Coaches hielten sich die Investitionen in Grenzen. Außer dem Velo lieh mir Roland noch einen ausgedienten Tria-Einteiler, und ich mußte mir nur ein Paar Laufschuhe kaufen.

Mich plagten ungewohnte Gedanken: Hatte ich genug trainiert? Wie überstehe ich das Schwimmen (als Bleiente hätte ich damals den ersten Preis gewonnen!). Und das Wichtigste: Würde ich überhaupt durchstehen? Immerhin hatte ich in jeder Disziplin Distanzen zu bewältigen, die ich einzeln noch nie geschafft hatte. Die permanente Ungewißheit machte Angst und übte gleichzeitig einen starken Reiz auf mich aus. Im Hinterkopf machte sich eine alte Weisheit aus dem Moto-Cross breit: «Die anderen kochen auch nur mit Wasser» – oder anders ausgedrückt: «Was andere können, schaffe ich auch!»

Der Wettkampf wurde zu einem Schlüsselerlebnis für mich, er war eine Initialzündung. Zum ersten machte mir die körperliche Betätigung während des Wettkampfes sehr viel Spaß, und zweitens wurde ich im Ziel auch noch mit einer Medaille belohnt, obwohl ich irgendwo im hinteren Drittel der Rangliste landete. Ich erfuhr so am eigenen Leib, wie der «Finisher»-Gedanke zu verstehen ist, und konnte mich damit nach meinem persönlichen Erfolg voll und ganz identifizieren.

Mein erstes «Finish» am Uster Triathlon 1989

Von nun an war ich mit dem Triathlon-Virus infiziert, was einige Folgen hatte: Ich wurde noch im gleichen Jahr Abonnent der gängigen Fachzeitschrift, kaufte mir mein erstes eigenes Rennrad und ließ mir alle Ausschreibungen von Wettkämpfen schicken, die ich nur ausfindig machen konnte. Im Winter sehe ich das erste Video vom Hawaii-Ironman und kann mir so etwas überhaupt nicht vorstellen. Außerdem lese ich Berichte über Embrunman, Diamondman und Ultraman, zum damaligen Zeitpunkt für mich alles schier Unglaubliches, niemals zu erreichen.

1990
Belastungsumfänge inkl. Wettkämpfe:

Disziplin	**km**
Schwimmen	52
Velo / Rad	2105
Laufen	716
Wochenstunden im Durchschnitt	3,1

Nach zwei Duathlons (die hießen damals noch Biathlons) wage ich die erste Mitteldistanz (2-90-21). Ich laufe mit neuen Schuhen und bekomme bereits nach zwei Kilometern Probleme. Den Rest der Laufstrecke lege ich barfuß zurück. Ich finishe trotzdem.

(Anfänger-)Fehler Nummer 2:
Neue Sachen im Wettkampf ausprobieren!

Diese wesentlich längere Distanz macht mir noch mehr Spaß, gibt mir mehr innere Befriedigung. Mir gefällt die etwas ruhigere Atmosphäre beim Wechsel, und auch sonst macht nicht alles so einen verbissenen Eindruck.

Es folgen noch vier weitere Triathlons über die Kurzdistanz.

Leider gibt es von meinem Barfußlauf kein besseres Foto ...

1991
Belastungsumfänge inkl. Wettkämpfe:

Disziplin	km
Schwimmen	83
Velo / Rad	2783
Laufen	1135
Wochenstunden im Durchschnitt	4,5

Ich melde mich an zum Trans-Swiss Triathlon (3,5-225-45). Ein Wettkampf, bei dem an einem Tag die ganze Schweiz durchquert wird. Die Ungewißheit mit ihrer bereits beschriebenen Reizwirkung tritt wieder auf: «... schaffe ich es, oder nicht?»

Vor meiner ersten Mitteldistanz stellte ich einfache mathematische Rechnungen auf nach dem Motto: 21 km Laufen sind auch nur 2 x 10 km, und einer ist geschenkt. Das funktionierte damals auch ganz gut, da die Bedingungen gleich waren. Vor dem Trans-Swiss Triathlon machte ich wieder die gleichen Rechenspielchen:

45 km Laufen sind auch nur 2 x 21 km (einmal 21 km hatte ich ja bereits geschafft) plus noch ein bißchen. Wie blauäugig ich war, sollte sich erst hinterher herausstellen.

(Anfänger-)Fehler Nummer 3:
Unterschätzung der Wettkampfgegebenheiten bzw. der Strecke. Warum scheitern wohl so viele gute Athleten in Hawaii?

Ich hatte ja nicht die blasseste Ahnung, was da auf mich zukam. Aber ich hatte ein sehr konkretes Ziel: «Der Granit muß auf den Schreibtisch!» Beim Trans-Swiss Triathlon bekommt jeder Finisher einen kleinen Granitstein mit einer aufgeklebten Plakette, auf der die Distanzen vermerkt sind. Ebendiesen Stein mußte ich unbedingt haben, und um ihn zu bekommen, mußte ich finishen.

Meine Vorbereitung war denkbar schlecht! Obwohl ich bereits zwei Jahre in der Schweiz lebte, war ich noch nie einen Paß gefahren und hatte auch keine Ahnung, was das bedeutete. Immerhin sind beim Trans-Swiss Triathlon der Gotthard-Paß (2108 m), der Sattel und der giftige Pfannenstiel zu bewältigen.

Wohlgelaunt und siegesgewiß (in bezug auf mein Ziel) springe ich mit den anderen Teilnehmern in den Lago Maggiore. Das abtauende Gletscherwasser hat den See so stark abgekühlt, daß ich trotz Neopren in Sekunden durchgefroren bin. Völlig unterkühlt und mit blauen Lippen erreiche ich das andere Ufer. Beim Ausstieg aus dem Wasser bleibe ich mit meiner großen rechten Fußzehe an einer Betonspalte hängen. Der Zeh verstaucht und schwillt derart an, daß ich kaum noch in die Radschuhe komme. Wie gern würde ich bereits jetzt aufhören – *aber da ist noch mein Ziel*, also nichts wie rauf auf das Rad und Meter machen.

Zwischen Biasca und Airolo löst sich das Tretlager, und die Kurbel dreht sich nunmehr auch in Richtungen, die eher wenig vortriebswirksam sind. Was war passiert? Ich hatte vor dem Wettkampf vom Rahmenhersteller einen neuen Rahmen bekommen, da der erste aufgrund eines Fabrikationsfehlers gerissen war. Der Hersteller hatte mir zwar im Sinne seiner Kundenorientierung alle Teile des alten Velos an den neuen Rahmen gebaut, aber leider das Tretlager nicht festgezogen.

Kurz vor Airolo ist ein Weiterfahren unmöglich geworden, die Kurbel läuft beim besten Willen nicht mehr «rund». Es ist Feiertag im Tessin, und kein Velohändler hat geöffnet. Es sind viele Begleitautos auf der Strecke, aber niemand hat einen Tretlagerschlüssel. Ich denke ans Aufhören – *aber da ist noch mein Ziel.*

Nach einer Stunde finde ich an einer Tankstelle eine große Rohrzange, das Tretlager ist wieder fest, der neue Rahmen hin.

Der Aufstieg zum Gotthard über die alte Tremola-Paßstraße kann beginnen.

Wieso tritt es sich so schwer? Ich habe doch alle triathletische High-Tech wie Tri-spoke und Scheibe an mein Rad montiert. Ja, zum Pässe fahren braucht es halt doch eine andere Übersetzung als 43/21. Hinterher ist man immer schlauer, aber ich hätte ja auch mal einen erfahrenen Radfahrer fragen können oder die Strecke vorher anschauen. Na ja, macht fast nichts, immer weiter mit schwerem Tritt dem Ziel entgegen.

Oben auf dem Paß ist es garstig kalt, und es schneit. Eine lange Hose, eine Jacke und Handschuhe wären

Luxus für die Abfahrt. Meine Unwissenheit sorgte auch für das Fehlen dieser (gesundheitsfördernden) Utensilien. Die Finger frieren ein bei der Abfahrt, und meine Lippen sind mindestens so blau wie das Wasser am Ufer des Lago Maggiore.

Den Rest der Radstrecke komme ich fast schadlos davon. 15 Kilometer vor der Wechselzone ein Plattfuß hinten. Der Schlauchreifen ist so gut auf die Scheibe geklebt, daß er mit bloßen Händen nicht zu entfernen ist. An einer Steinmauer kann ich ihn «abkratzen», und nach ca. 30 Minuten kann ich die Fahrt wiederaufnehmen. Der letzte Anstieg (Cerberus-Hill) ist wie eine Ohrfeige für die Athleten, die es bis hier geschafft haben.

Ich erreiche die Wechselzone und schnüre die Laufschuhe. Nur noch 45 Kilometer Laufen sage ich mir, nur 2x21 und ein bißchen mehr. Ich war noch nie vorher einen Marathon gelaufen. Ich erwartete eine Laufstrecke, wie ich es von den Triathlons gewohnt war, die ich vorher absolviert hatte. Aber es sollte ganz anders kommen. Nochmals wurde ich für meine Blauäugigkeit und meine mangelnde Information vor dem Rennen bestraft. Die Laufstrecke ging grob bergauf und -ab. Manche Teilstücke waren vom Regen derart aufgeweicht und in Schlammbäder verwandelt, daß man sich bei Bergabpartien an Zweigen und Ästen festhalten mußte, um nicht einfach runterzurutschen. Ich denke wiederholt ans Aufhören, *aber da ist noch mein Ziel.* Ein kleiner, mit Baumwurzeln übersäter Trampelpfad entlang des Rheins verlangte noch mal alle Konzentration. Die Dunkelheit machte sich breit. Zum Glück hatte ein Leidensgenosse eine Taschenlampe dabei. Da viele der Wegmarkierungen nicht mehr vorhanden sind, ist jetzt mehr der Pfadfinder gefragt.

Immer weiter nur dem Ziel entgegen. Nach fast 18 Stunden *erreiche ich mein Ziel!* – Ich halte den ersehnten Granit in den Händen, und die Freudentränen stehen in den Augen. Ich bin stolz wie Oskar.

Die warme Dusche im Ziel wirkt Wunder. Es ist kurz vor Mitternacht. Da ich am nächsten Tag einen Termin in Frankfurt wahrnehmen muß, fahre ich die 450 Kilometer noch in der Nacht, der Kreislauf ist sowieso nicht zu beruhigen.

Mein erstes Langdistanz-Abenteuer liegt hinter mir.

1992
Belastungsumfänge inkl. Wettkämpfe:

Disziplin	**km**
Schwimmen	113
Velo / Rad	4953
Laufen	1317
Wochenstunden im Durchschnitt	6,7

Ich lese immer wieder Berichte von Ironman, Ultraman, Powerman etc. und habe nach meinem Trans-Swiss-Abenteuer Lust auf mehr. Ich melde mich an für mehrere Langdistanz-Wettkämpfe. Als erstes steht der **Powerman** in Zofingen an. 7,5 km Laufen, 150 km Rad und nochmals 30 km Laufen. Die Radstrecke und die anschließende Laufstrecke sind vom Profil her sehr anspruchsvoll. Diesmal habe ich die Streckenprofile in der Ausschreibung studiert und bin sogar die Radstrecke vorher abgefahren. Auch die Laufstrecke will ich testen, scheitere aber kläglich, da ich mich im Wald hoffnungslos verlaufe.

Der Wettkampf verläuft ohne größere Probleme für mich, da ich diesmal entsprechend vorbereitet bin und für meine Verhältnisse viel trainiert habe. Ich bin sogar vorher einmal 100 Kilometer am Stück geradelt.

Ich starte gut und liege irgendwo im Mittelfeld. Es macht viel Spaß, und in meinem Eifer vergesse ich, mich während des Radfahrens ausreichend zu verpflegen. Die Energie schwindet, und als ich den Hunger bemerke, ist es viel zu spät. Fast alle Anstiege der zweiten Laufstrecke lege ich gehend zurück. Ich erreiche überglücklich das Ziel und bin nun ein Powerman.

(Anfänger-)Fehler Nummer 4:
Kein Plan für die Ernährung beim Wettkampf

Jetzt möchte ich endlich auch ein Ironman werden. Nach meinen Erfahrungen am Trans-Swiss und in Zofingen hege ich keinen Zweifel, daß ich auch dieses Ziel erreichen werde. Ich nehme teil am **Ironman** Europe in Roth. 3,8 km Schwimmen, 180 km Rad und einen vollen Marathon laufen, die Original-Distanzen des legendären Ironman von Hawaii.

Beim Schwimmen jagt das ganze Feld über mich hinweg. Ich hatte mich als schlechter Schwimmer zu weit vorne eingereiht und bezog nun Prügel und Tritte, da im Kanal wenig Platz ist.

(Anfänger-)Fehler Nummer 5:
Falsches Verhalten beim Schwimmstart

Nach dem Tauchgang mit viel Wasserschlucken geht es aufs Rad. Nach 30 Kilometern versinkt die Sattelstütze im Rahmen. Der Radhändler in meinem Dorf wußte nicht, daß man beim Carbon-Rahmen die Sattelstütze nicht fetten sollte. Ich hatte natürlich keinen Inbusschlüssel dabei und setzte das Rennen stehend im Wiegetritt fort.

Fast am Ende der 180 Kilometer hat endlich jemand das passende Werkzeug. Da mein Rad von Zuschauern gehalten wird, will mich ein Schiedsrichter qualifizieren. Er läßt die rote Karte noch mal stecken und fordert mich auf, das Rad selber zu halten. Ein guter Marathon versöhnt mich mit dem Rennen, und meinem Finish steht nichs mehr im Wege. Ich bin nun auch ein «Eisenmann».

Ich erhole mich immer besser nach den Rennen, und meine Lust auf lange Distanzen steigt und steigt. Es heißt, einmal mußt du nach Embrun, also ist die nächste Station der **Embrunman** in den französischen Seealpen.

Auch dieser «Man» ist eine Langdistanz von 3,8-180-42. Wieder mal unterschätze ich das Streckenprofil, immerhin ist der Col d'Izoard (2360 m) zu bewältigen sowie einige andere nette, demoralisierende Hügel. Auch die Laufstrecke hat einen schönen Anstieg parat, der dreimal zu bewältigen ist. Da das Schwimmen in der Dunkelheit beginnt und das Kajak mit der Fackel nur von den schnellen Schwimmern auszumachen ist, laufe ich im See mehrmals auf Grund. Die Radpiste ist teilweise so rauh und buckelig, daß der Trialenker völlig fehl am Platz ist. Mein Trainingsdefizit macht sich spätestens nach der Paßhöhe bemerkbar, und an den nachfolgenden Anstiegen sind meine Beine eher als leere Hülsen zu bezeichnen. Nur durch mentale Kraft schaffe ich den Rest der Strecke, immer mein Ziel – das Finish – vor Augen.

Nach dem Rennen zweifele ich etwas an meinem Leistungsvermögen und meiner Art zu trainieren.

Zum Abschluß der Saison steht noch ein weiterer «Man» auf dem Programm, der «**Diamondman**» auf Ibiza. Zu den üblichen drei Disziplinen gesellt sich noch eine vierte: Kajak auf dem offenen Meer. Die Distanzen 5 km Schwimmen, gefolgt von 20 km Kajak, 100 km Rad und 21 km Laufen. Veranstaltet von einem lebenslustigen Weltenbummler und Ausdauerfreak, seine Hoheit Prinz Sergio Ferrero, schimpft sich dieser Wettkampf offizielle Weltmeisterschaft im Quadriathlon. Wow, ich bin Teilnehmer an einer WM. Wie auch immer, die Teilnehmer sind alles Ausdauerfreaks mit Leib und Seele. Man spricht vom Ultraman, staunt über den Franzosen Pascal Pich, der als erster einen sechsfachen Ironman nonstop absolviert hat. Das Thema der Szene: Im November soll der erste Zehnfache in Mexiko steigen.

Am Wettkampftag ist hoher Seegang. Das Schwimmen geht noch, aber beim Kajakfahren wird die See so rauh, daß mehr als ein Drittel der Teilnehmer «die Segel streichen» muß. Ein Teilnehmer driftet nach Formentera ab. Ein anderes Kajak verabschiedet sich (zum Glück ohne Athleten) auf den Meeresgrund. Ich habe ein gutmütiges Kajak, und somit bereiten mir die teilweise bis zu 4 Meter hohen Wellen keine derartigen Probleme. Allerdings ist die Orientierung schwierig. Die Richtung ist nur auszumachen, wenn das Kajak und die angepeilte Boje per Zufall im gleichen Moment von Wellen hochgehoben werden. Andere Teilnehmer kommen mir entgegen und vermuten die Boje in anderer Richtung. Das Ganze mutiert zum Survival-Trip auf hoher See. Dank meines gutmütigen Kajaks und meiner inneren Ruhe überstehe ich den Trip. Die Inselrunde auf dem Rad und der abschließende Lauf zum Hafen ist kein Problem: Ich finishe und bin nun ein Diamondman. Der 14. Platz auf der Rangliste, bester deutscher Teilnehmer und der 2. Platz in der Mannschaftswertung lassen erstmals den Ehrgeiz aufblitzen:

Ich möchte im nächsten Jahr versuchen, durch geplantes Training meine Leistungen zu verbessern. Direkt nach Ibiza absolviere ich einen Leistungstest und erfahre von dem Sportarzt, daß ich bisher völlig falsch trainiert habe und meine Ausdauerfähigkeit eher schlecht ist. Ich beginne nun mit

Pulsmesser und Trainingsplan zu trainieren.

1993
Belastungsumfänge inkl. Wettkämpfe:

Disziplin	**km**
Schwimmen	122
Velo / Rad	5382
Laufen	1220
Wochenstunden im Durchschnitt	6,9

Erstes Trainingslager auf Mallorca. Ich lasse mich nicht beirren und fahre nach den Vorgaben. Da ich im Schneckentempo unterwegs bin, muß ich allein fahren. Die anderen «bolzen», was das Zeug hält. Nach acht Tagen sind die ersten Trainingsleichen auszumachen.

(Anfänger-)Fehler Nummer 6:
Überzocken im Trainingslager

Ich komme im Gegensatz zu manch anderen gesund aus Mallorca zurück. Noch inspiriert von Ibiza, plane ich die Organisation für einen 24-Stunden-Triathlon. Da mein Heimatort (Friedrichsdorf im Taunus, nördlich von Frankfurt), wo das Ganze stattfinden soll, die Stadt des Zwiebacks ist (auch heute gibt es dort noch Zwieback-Fabriken), nenne ich den Triathlon «**Zwiebackman**». Ich erfahre vom Bürgermeister und meinem Tria-Club jegliche Unterstützung in der Vorbereitung.

Zur Überprüfung meiner Form und um zu sehen, was mit einem systematisch geplanten Training an Leistungssteigerung zu realisieren ist, starte ich nochmals beim Powerman in Zofingen. Das Ergebnis übertrifft alle meine Erwartungen: Ich bin 33 Minuten schneller!

Auch den Trans-Swiss Triathlon mache ich nochmals, diesmal aber nicht, um eine Leistungssteigerung zu erzielen, sondern da es wirklich ein «Erlebnis» ist. Es macht wieder sehr viel Spaß, und die Bedingungen sind diesmal sehr gut.

Ende Sommer ist es dann soweit, der Zwiebackman kann starten. Leider habe ich nur einen Mitstreiter gefunden, der sich mit mir so lange nonstop körperlich betätigen wird, meinen Freund Bernd Michel, der schon alle bekannten Langdistanzen absolviert hat. Wir wollen die doppelten Ironman-Distanzen Schwimmen (7,6 km) und Radfahren (360 km) zurücklegen.

Den Rest der 24 Stunden wollen wir dann laufen und rechnen mit ca. 50–70 km.

Die Unterstützung der vielen Helfer und Zuschauer ist fantastisch. Das Schwimmen im 50-m-Becken ist zwar etwas monoton, in der Nacht beim Radfahren ist es sehr kalt, aber nach 24 Stunden haben wir unser Ziel erreicht und drehen nach 64 Lauf-Kilometern die letzten Runden im örtlichen Stadion. Pünktlich am Sonntag um 12 Uhr beenden wir unser Unternehmen.

Die Mühen haben sich gelohnt: Von Spendern und Gönnern kommen fast 2000 € zusammen. Die Summe überreichen wir stolz dem Bürgermei-

UND NÄCHTENS GRÜSST DER «ZWIEBACKMAN»
STRAPAZEN DER DOPPELTEN TRIATHLONDISTANZ

FRIEDRICHSDORF. Fröhlich, den Zuschauern winkend, sind zwei kraftvolle Männer am Samstag um 13 Uhr in das Becken eines Friedrichsdorfer Schwimmbades gestiegen. Vor sich ungeahnte Strapazen: 7,6 Kilometer Bahnen ziehen im kühlen Wasser, 360 Kilometer auf dem Rennrand rund um Friedrichsdorf, 60 Kilometer laufen, um den «Zwiebackman» in der Zwiebackstadt Friedrichsdorf zu küren. Am Sonntag – nach 24 Stunden körperlicher Schwerstarbeit – sind zwei klitschnaß geschwitzte, um Jahre gealterte Athleten auf dem Sportplatz in Friedrichsdorf angekommen. Sie haben sich kraftlos punkt 13 Uhr auf den Boden fallen lassen, sich ihre Blutblasen aufgestochen und nach «Wasser» gerufen. So schön das «Vorher» war, das Bild, das die einstmals so rassigen Männer nachher abgaben, war jämmerlich. Tja, so hätte es eigentlich sein müssen – so war es aber nicht. Von dieser Geschichte «Wie zwei auszogen, ihre körperlichen Grenzen zu erkunden» stimmt nur der erste Teil. Die Triathleten Ole Petersen und Bernd Michel erreichten das Ziel so, wie sie gestartet waren: fröhlich winkend. Und zur allgemeinen Verwunderung erklärten sie unisono: «Wir fühlen uns frisch und munter.»

Waren es vielleicht die am Schwimmbecken postierten Teddybären, die den Ausdauersportlern Bärenkräfte beschert hatten? «Leute, die über die Ziellinie kriechen, die haben Fehler in der Ernährung gemacht», hatte Bernd Michel vom Triathlon Club EC Mainz eine viel einfachere Erklärung. Und das sah so aus: Auf ihren nächtlichen, 30 Kilometern langen Runden im Taunus kamen sie immer wieder an einer Pizzeria in Burgholzhausen vorbei. Irgendwann erkundigten sich die Italiener nach dem Sinn der nächtlichen Fahrradtour und boten ihre Unterstützung an. Bei der nächsten Runde konnten Michel und Petersen sich ihre bestellten Spaghetti abholen.

Das alleine war es aber nicht. Viele Helfer des Triathlon Clubs Wetterau versorgten die beiden, die sich vorgenommen hatten, in 24 Stunden die doppelte Triathlondistanz zu schaffen. Ein Fahrer blieb mit seinem Auto die ganze Nacht hinter ihnen, um sie mit einer Warnblinkanlage zu sichern und sie mit Ersatzteilen zu versorgen. Der fleißige Helfer sah am nächsten Tag wirklich so aus wie einer, der sich die ganze Nacht um die Ohren geschlagen hat. «In der Nacht hatten wir schon einige Hänger. Es war vor allem schrecklich kalt», sagte Petersen, der einem gleich wieder viel menschlicher vorkam. Und Michel bestätigte, daß ihn manchmal nur die Witze wach gehalten hätten, die sie sich unterwegs erzählt haben.

Solch atemberaubende Anstrengung ist in diesem Fall nicht ganz sinnlos unternommen worden. Die Triathleten hatten Spenden für den Förderverein der ökumenischen Diakonie-Station gesammelt. Knapp 2000 Mark haben sie erhalten: «Es ist schön, daß den Bürgern so diese soziale Institution nahegebracht wird», lobte Bürgermeister Gerd Schmidt.

Und was machen die beiden am Tag danach? «Currywurst essen», so Petersen. «Am Montag arbeite ich wieder in Wiesbaden bei einer Versicherung», so der andere «Zwiebackman». Na dann: Mahlzeit.

Nanette-Natalie Naumann

(FAZ 30. 8. 93)

ster, das Geld wird für die Pflege behinderter Mitbürger eingesetzt.

Im Herbst starten wir wieder beim Quadriathlon in Ibiza, Bernd möchte auch ein Diamondman werden. Der Urlaub ist sehr schön, und wir lernen viele verrückte Ausdauer-Freaks kennen.

1994
Belastungsumfänge inkl. Wettkämpfe:

Disziplin	km
Schwimmen	146
Velo / Rad	5500
Laufen	1314
Wochenstunden im Durchschnitt	7,3

Das große Ziel für dieses Jahr soll der «**Double Iron**» in den USA sein (7,6-360-84). Der erste und bekannteste Triathlon über die doppelte Langdistanz. Auch diesmal ist Bernd mit von der Partie. Mein Ziel: Ein Rang in den Top ten. Nach unseren Erfahrungen vom Zwiebackman bin ich überzeugt, es zu schaffen. Als Vorbereitung absolvieren wir den 100-km-Lauf von Biel, das 24-Stunden-Mountainbike-Rennen in Eschlikon, den Ironman Europe in Roth und das große Alpenbrevet. Am Tag «X» in Huntsville, Alabama, habe ich zwar morgens etwas Temperatur, aber als der Startschuß gefallen ist, läuft es bei mir blendend. Die Schwimmzeiten werden durch die Strömung des Tennessee günstig beeinflußt. Auf dem Rad kommt keine Langeweile auf, da ich mich weite Strecken mit Bernd «duellieren» kann. Mein Support-Team ist super drauf und die Unterstützung erstklassig. Als ich zum Laufen starte, merke ich, daß viele der Athleten nach nunmehr 14 Stunden Probleme bekommen, die sich bei mir zum Glück nicht einstellen. Ich kann sogar mein Tempo noch forcieren und laufe vom 10. auf den 2. Platz vor. Nach 21:51 Stunden laufe ich überglücklich ins Ziel. Noch ist mir nicht bewußt, daß ich recht schnell unterwegs war für eine derartig lange Ausdauerprüfung. Bernd hat sich nach dem ersten Marathon etwas schlafen gelegt und erreicht daher «nur» den 10. Platz von 40 Startern, in der Regel ist er der Schnellere von uns zwei. John Quinn, der Sieger des Double Iron, hat einen neuen Weltrekord aufgestellt, und ich verbessere den Deutschen Rekord von 23:35 um 1 Stunde und 44 Minuten. Nachdem sich meine Betreuer-Crew zum wohlverdienten Schlaf verabschiedet hat, fahre ich in den nächsten Fast-food-Schuppen und ziehe mir vier fette, salzige Burger rein.

Zum Ende des Jahres beschließe ich, meine Triathlon-Aktivitäten unter das Motto zu stellen, möglichst viele Wettkämpfe zu absolvieren, die den Zusatz «-man» im Namen haben. Einige habe ich ja bereits. Da kommt mir zum Jahresabschluß der «**Alpinman**» (ein Kurzduathlon mit 7-15-13) in Liechtenstein gerade recht. Die 3 Wochen Regeneration nach Huntsville sind viel zu kurz, und ich gehe fürchterlich ein. So ziemlich als letzter erreiche ich erschöpft das Ziel.

Double-Ironman: Nur der neue Weltrekordler John Quinn war schneller:

PETERSEN LIEFERT «BESTEN WETTKAMPF»

Von Gerhard Strohmann

Huntsville. – Das war mein bisher bester Wettkampf, jubelte der 33jährige Ole Petersen aus Friedrichsthal nach seinem hervorragenden 2. Platz am Sonntag in Huntsville in den USA beim «Double-Ironman», bei dem er die zweifachen Hawaii-Distanzen in 21:51 Stunden bewältigte.

Unter den 40 Startern, die zunächst bei starker Strömung 7,6 Kilometer im Tennessee-River schwimmen mußten, anschließend 360 Kilometer auf einem 30-Kilometer-Rundkurs mit dem Rad bewältigten und zum Abschluß zu einem doppelten Marathon von 84,4 Kilometer Länge antraten, war nur einer schneller: der 36jährige John Quinn aus Boulder in Colorado. Mit der Startnummer «1» angetreten, drückte er den bestehenden Weltrekord um 14 Minuten auf 19:50 Stunden. Hinter Petersen erreichte die 36jährige Tina Bischoff aus Lake Placid in Florida das Ziel, wobei ihre Zeit von 22:07 Stunden eine neue Weltbestmarke für die Damen bedeutete. Den seitherigen Rekord hielt die Deutsche Astrid Benöhr mit 23:09 Stunden.

Da in diesem Jahr die übrigen «Double-Ironman»-Veranstaltungen in Colmar (Frankreich), Lelystad (Holland) und Belgien nicht zustande gekommen waren, gab es beim «Klassiker» in Huntsville mit 40 Startern (darunter zwei Frauen) eine neue Rekordbeteiligung.

Beim zehnten «Double-Ironman» von Huntsville schwamm Ole Petersen, der die Startnummer 39 trug, die 7,6 Kilometer im Tennessee-River in 1:28 Stunden (Platz acht im Teilnehmerfeld), schaffte die 360 Kilometer mit dem Rad auf einem Rundkurs in 11:31 Stunden (6.) und lief den ersten Marathon in 4:08 Stunden (3.), den zweiten dann in 4:20 Stunden (2.). Die gegen Ende des Wettbewerbs immer stärker werdende Tina Bischoff hängte übrigens beim zweiten Marathon in 3:58 std. alle Männer ab!

Ole Petersens Trainings-Partner, der 31jährige Bernd Michel vom Triathlon EC Mainz, der mit ihm zusammen 1993 den «24-Stunden-Zwiebackman» in Friedrichsdorf bewältigt hatte, erreichte in 25:19 Stunden den zehnten Platz. Michel mußte während des zweiten Marathons eine einstündige Schlafpause einlegen und verpaßte so eine klar bessere Placierung.

Hawaii reizt Ole nicht

Ole Petersen und Bernd Michel hatten sich mit dem «Strongman» in Japan (drei Kilometer Schwimmen, 155 Kilometer mit dem Rad und Marathonlauf), dem «Ironman» über die Hawaii-Distanzen in Roth/Nürnberg (3,8 Kilometer Schwimmen, 180 Kilometer mit dem Rad und Marathonlauf), dem 100-Kilometer-Lauf von Biel sowie dem 24-Stunden-Rennen auf dem Mountainbike in Eschlikon/Schweiz gewissenhaft auf den Höhepunkt dieser Saison in den Vereinigten Staaten vorbereitet.

Beruf und Erholung stehen für den sympathischen Blondschopf aus dem Taunus in den nächsten Wochen nun erst einmal im Mittelpunkt. Denn der Hawaii-Triathlon am 15. Oktober reizt den Friedrichsthaler nicht: «Mir liegen die noch längeren Distanzen einfach besser ...»

(Taunus Zeitung)

(Anfänger-)Fehler Nummer 7:
Nach den ersten Erfolgen mutet man sich zuviel zu und vernachlässigt die Regeneration.

1995
Belastungsumfänge inkl. Wettkämpfe:

Disziplin	km
Schwimmen	157
Velo / Rad	6184
Laufen	1184
Wochenstunden im Durchschnitt	7,6

Das «Man-Sammeln» geht weiter: «**Strongman**» heißt der auserwählte Wettkampf.

Ein Megaspektakel in Japan, Nähe Okinawa, das leider international wenig bekannt ist. Die Gastfreundschaft der Japaner ist kaum mit Worten zu beschreiben. Auf der kleinen Insel Mijako-Jima dreht sich schon Wochen vorher alles nur um den Triathlon. Die Distanzen sind etwas kürzer als beim Original-Ironman: 3-155-42.

Das Starterfeld ist mit 1300 Teilnehmern recht beeindruckend, und es gibt beim Schwimmstart einige Hiebe. Auf dem Rad traue ich zuerst meinen Augen nicht: Ich werde permanent von japanischen Mitstreitern überholt, und zwar mit großem Blatt und größtem Gang. Ich versuche erst mitzuhalten, doch mein Puls belehrt mich eines Besseren. In der zweiten Radrunde ist der Spieß umgedreht, die Kollegen haben ihr Pulver verschossen, und ich überhole scharenweise Konkurrenten. Beim abschließenden Marathon wird uns wiederum mentale Stärke abverlangt. Das Profil ist sehr anspruchsvoll und die Mittagshitze erbarmungslos.

Als 54. von 1300 Startern erreiche ich die Finish-Line. Nun bin ich auch ein Strongman. Die Erlebnisse der Reise überwiegen das sportliche bei weitem, Mijako-Jima, ein echter Geheimtip!

Jedes zweite Jahr ist ein Trans-Swiss-Jahr (zumindest bis 1999), so starte ich zum dritten Mal und genieße wiederum die Reise durch die Schweiz. Getrübt werden meine Freuden nur durch meinen Rücken, der sich immer häufiger zu Wort meldet.

Als zweites Sammelobjekt ist der erstmals stattfindende «**Euroman**» sozusagen direkt vor der Haustür in Zürich gebucht. Mein Freund Bernd und ich wollen diesen Man zusammen als Trainingseinheit für unseren Jahreshöhepunkt absolvieren.

Obwohl die Bandscheiben seit dem Trans-Swiss immer wieder plagen, wage ich den Start.

(Anfänger-)Fehler Nummer 8:
Verletzungen oder Krankheiten werden nicht richtig auskuriert.

Das Schwimmen ist angenehm, das Velofahren mit den Rückenschmerzen ein Horror. Beim Laufen verfliegen die Probleme, Bernd und ich finishen Hand in Hand beim Euroman. Ich begebe mich in physiotherapeutische Behandlung, um die Rückenschmerzen in den Griff zu kriegen.

Finish beim «Strongman» 1995

Im November reisen wir zum Saisonhöhepunkt, dem «**Ultraman**» auf Hawaii. Die Distanzen, die in drei Tagesabschnitten zu bewältigen sind: 10-425-84! Das ist meine Welt, jetzt stellt sich wieder die Ungewißheit ein: Schaffe ich es? Noch 1990 war für mich der Ultraman «unglaublich», jetzt stehe ich selbst am Start – ich bin allein schon zufrieden, dabeizusein. Meine Betreuer-Crew trägt in den nächsten drei Tagen den Hauptteil zum Erfolg bei.

Die 10 Kilometer im Meer hängen ganz schön an. Auf den letzten 3 Kilometern müssen alle enorm gegen die Strömung kämpfen. Mit der Radstrecke wird Big Island fast umrundet, und man lernt so die Insel kennen. Das «Dessert» am 3. Tag hat es in sich: Der Doppelmarathon, gelaufen auf der Radstrecke des Ironman (von Hawi nach Kona), ist mit seinen unendlichen «rolling hills» und der extremen Hitze ein mentaler Brocken, an dem man ganz schön zu kauen hat. Ich laufe die ganze Strecke mit Bernd zusammen, und wir erreichen auf den Gesamträngen 5 und 6 das Finish. Wir feiern unseren Erfolg ausgiebig.

Ohne ein gutes Support-Team, das man vorher entsprechend gebrieft hat, ist bei einem solchen Wettkampf nicht viel zu holen.

Typische Fehler bei Ultra-Langdistanzen:

1. *Die mentale Leistung, die vom Athleten zu erbringen ist, wird unterschätzt.*
2. *Das Team kennt sich nicht oder harmoniert nicht.*

3. Es existiert kein Support-Plan, die Betreuer sind nicht richtig instruiert.

Wer keine Idee hat, wie ein solcher Plan auszusehen hat, kann bei mir Kopien von meinen Support-Plänen zum Double-Iron und / oder Ultraman bekommen. Meine Adresse ist im Anhang vermerkt.

Sind Sie sich darüber im klaren, daß bei Ultra-Langdistanzen primär eine mentale Leistung erbracht werden muß. Sie müssen mit sich selber über eine Zeitdauer von 20–40 Stunden zurechtkommen und umgehen können. Dies ist meines Erachtens nicht trainierbar! Die Geschwindigkeiten, die Sie nach 12 und mehr Stunden Wettkampf mit dem Rad und beim Laufen erbringen können, sind, je länger, je mehr, genetisch vorgegeben.

1996

Belastungsumfänge inkl. Wettkämpfe:

Disziplin	km
Schwimmen	84
Velo / Rad	4009
Laufen	1054
Wochenstunden im Durchschnitt	5,3

Da im Vorjahr meine Wettkämpfe immer wieder von Rückenschmerzen begleitet waren, beschließe ich, nach dem Ultraman der Ursache auf den

Finish mit Bernd beim «Ultraman» 1995

Meine Support-Crew

Grund zu gehen und alle Maßnahmen zu ergreifen, die eine Genesung ermöglichen.

Da die Probleme nur auf dem Velo präsent sind, laufe ich nochmals die 100 Kilometer von Biel. Zum Ende des Sommers tritt Besserung ein. Das große Alpenbrevet wird als Test absolviert, und ich kann noch einen Man sammeln: den «**Balearman**» auf Mallorca mit den Distanzen 2-67-15. Ich belege zwar den 2. Platz in meiner Altersklasse, aber mir wird beim Wettkampf wieder einmal klar: Die kurzen, schnellen Distanzen liegen mir nicht. Ich werde die nächsten Jahre wieder das machen, was mir Spaß macht: **Lang, länger ... Ultra.**

1997
Belastungsumfänge inkl. Wettkämpfe:

Disziplin	km
Schwimmen	77
Velo / Rad	5270
Laufen	918
Wochenstunden im Durchschnitt	6,0

Nach zwei Double-Ironman's und dem Ultraman möchte ich auch den Triple-Ironman versuchen. Ich kann mir vorstellen, die Distanzen von 11,4-540-126,6 noch ohne Schlaf zu bewältigen. Mit längeren Distanzen, bei denen Schlafpausen ein Muß sind, habe ich mich gedanklich noch nicht anfreunden können, aber wer weiß?

Zur Vorbereitung alsolviere ich den Ironman Lanzarote, sammle den Magic-Man, ein Duathlon in Süddeutschland, den Samson-Man Radmarathon und einen weiteren Granit beim Trans Swiss Triathlon.

Am Tag «X» in Lensahn an der deutschen Ostseeküste läuft alles recht gut. Die 228 Bahnen im 50-m-Becken sind nervend, und nach 8–9 Kilometern wünscht man sich endlich das Ende der Schwimmerei. Das Radfahren ist zunächst noch angenehm, dann setzt stundenlanger Regen ein, und die Stimmung ist nicht mehr so toll. Mein Support-Team leistet ganze Arbeit und muntert mich immer wieder mit «blöden» Witzen auf. Nach einer langen Fahrt durch die Nacht mit vielen Eindrücken und Stimmungen sind am nächsten Morgen auch die 540 km Rad geschafft. Wie läuft man dann noch 126 Kilometer zu Fuß? Antwort: vor allem langsam!

Da die Füße vom dauernden Regen auf der Radstrecke trotz Neopren-Überzieher durch und durch aufgeweicht sind, ist die logische Konsequenz beim Laufen: Blasen, Blasen und nochmals Blasen. Das Laufen wird so nicht gerade zum Vergnügen, aber wer denkt nach fast 30 Stunden schon ans Aufgeben? Mein Support-Team füttert und pflegt mich hervorragend, und nach 39 Stunden und 33 Minuten ist die lang ersehnte Ziellinie endlich überschritten. Der 3. Platz, ein Pokal und Preisgeld sind der Lohn für die Mühen des gesamten Teams.

Auf den Triathlons, die über die mehrfache Ironman-Distanz gehen (Double, Triple, usw.), sind im Gegensatz zur einfachen Ironman-Veranstaltung Betreuer zugelassen und notwendig. Die Verpflegung wird *nicht* vom Veranstalter gestellt, sondern der Athlet und sein Team müssen sich selbst versorgen. Dies ist auch sinnvoll, da jeder seine eigenen Essensgewohnheiten hat. Somit kommt den Betreuern eine tragende Rolle zu, sie sind mitverantwortlich für den Erfolg/Mißerfolg. Sie pflegen (z. B. Massage, frische Kleidung), ernähren (individuelle Verpflegung) und schützen (Betreuerauto in der Nacht hinter dem Velo) ihren «Zögling».

Auch mental spielt das Team eine große Rolle: Ist das Team gut drauf, schlägt sich das auf die Leistungen des Athleten nieder.

Wieder einmal stelle ich fest, daß nach ca. 15–20 Stunden (fast) nur noch der Kopf entscheidend ist. Am Ende des Wettkampfes hatte man das Gefühl, es ist dort eine Horde von «Mental-Zombies» unterwegs.

Sie haben bemerkt, daß ich erst im Jahr 1993 (nach immerhin 3 Jahren Triathlon) an mein eigentliches Leistungspotential herangekommen bin. Die nächsten Kapitel behandeln Schritt für Schritt, wie Sie ohne 3jähriges «Herumprobieren» systematisch Ihr volles Leistungspotential entfalten können.

Quick facts:
Die typischen (Anfänger-)Fehler:

Nummer 1:

Im Training mit hochrotem Kopf, aber ohne Hirn möglichst schnell herumrennen oder fahren, bis einem die Puste ausgeht.

Nummer 2:

Neue Ausrüstung im Wettkampf ausprobieren.

Nummer 3:

Unterschätzung der Wettkampfgegebenheiten bzw. der Strecke.

Nummer 4:

Kein Plan für die Ernährung beim Wettkampf.

Nummer 5:

Falsches Verhalten beim Schwimmstart.

Nummer 6:

Überzocken im Trainingslager.

Nummer 7:

Nach den ersten Erfolgen mutet man sich zuviel zu und vernachlässigt die Regeneration.

Nummer 8:

Verletzungen oder Krankheiten werden nicht richtig auskuriert.

731
734
740
Quelle
Quantum II
739
Quelle

721-728
729-736
737
BASSO

Zielsetzung

Zielfindung

Anhand meiner Erlebnisse bei der ersten Langdistanz, dem Trans-Swiss, wurde mir erstmals bewußt, wie wichtig die Zielsetzung ist. Ein herausforderndes **Ziel**, gepaart mit einer gehörigen Portion Willenskraft, setzt enorm viel Energien frei.

Erinnern Sie sich an mein Ziel beim Trans-Swiss 1991:

«... der Stein muß auf den Schreibtisch.» Mit einer Zielsetzung wie: «... ich gehe an den Trans-Swiss ...» hätte ich wohl kaum die vielen, teilweise abenteuerlich anmutenden Hürden auf dem Weg zur Finish-Line genommen.

Ich möchte Sie nun Schritt für Schritt an Ihre Zielsetzung heranführen. Ihre ganz persönliche Zielsetzung ist der wichtigste Baustein zum erfolgreichen Finish. Ein Ironman ist nicht etwas, was man so gerade eben mal aus Lust und Laune macht. Wenn Sie nicht den innigsten Wunsch hegen, nicht die tiefste Lust danach verspüren, dieses Vorhaben zu realisieren, dann nutzen Ihnen auch 20 oder 30 Wochenstunden nichts, um am Ironman zu bestehen, und schon gar nicht werden Sie die lang anhaltende Befriedigung und das unbeschreibliche Gefühl an der Finish-Line verspüren.

Wie also lautet Ihr Ziel? Schreiben Sie es (mit Bleistift) in die nächste Zeile:

____

Dies ist schon ein guter Anfang, und ich bitte sie nun, Ihr oben definiertes Ziel in drei Schritten wie folgt zu verfeinern und zu konkretisieren:

1. Motivation

Formulierungen wie
«**Ich möchte** einen Ironman machen ...» oder wie
«**Ich würde** gerne mal einen Ironman ...» und
«**Ich will** einen ...»
sind nicht dienlich, Ihre Motivation zu fördern. Das liegt daran, daß eine solche Wahl der Worte Sie nicht in die Pflicht nimmt. Sie läßt Ihnen die Möglichkeit, auszuweichen bzw. es nicht zu tun – Ihr Killermodul ist höchst aktiv. Beispiel: «Ich möchte gerne mal ..., aber ich habe keine Zeit.»

Außerdem steckt in diesen Formulierungen immer auch die Möglichkeit des Scheiterns, des Versagens. Beispiel: «Ich möchte gerne …, aber es kann auch schiefgehen.»

Die motivierende Formulierung muß den definitiven Zustand beschreiben, d. h., Sie unterstellen, daß es so sein wird, wie Sie es heute wünschen:

«Ich werde einen Ironman absolvieren.»

Nur so nehmen Sie sich selbst in die Pflicht und verankern den *Erfolg* in Ihrem Unterbewußtsein.

2. Präzision

Die nächste wichtige Komponente Ihres Zieles ist die Präzisierung. Je klarer Sie sich Ihr Ziel und den Endzustand vorstellen können, um so einfacher wird die Umsetzung. Im Umkehrschluß bedeutet dies allerdings auch: Ein vages, unkonkretes und nebulöses Ziel kann nur zu einem ungewissen, nicht berechenbaren Ergebnis führen.

Das ist wie bei einem Black-box-Modell (siehe unten):

Sie müssen Ihr Ziel so präzis wie möglich formulieren – wenn Sie es nicht klipp und klar definieren/aussprechen/aufschreiben können, wie wollen Sie es dann erreichen?

Zur Präzision müssen Sie sich natürlich entscheiden, welches «Ihr»

Input	**Black box**	**Output/Ergebnis**	**Effekt**
Zielsetzung: unkonkret, vage			
			Ausgang ungewiß
Zielsetzung: konkret, präzise			
			führt schnell zum Ziel

Ironman-Wettkampf ist. Sie finden im Anhang eine Liste der möglichen Wettkämpfe mit Kontaktadressen.

3. Zeitkomponente

Das dritte Element in Ihrer Zielsetzung ist die Zeit, das Datum, an dem Sie Ihr Ziel erreichen werden. Dies hängt natürlich mit Ihrem «Wunschwettkampf» zusammen (Veranstaltungstermin) und mit Ihrem sportlichen Hintergrund. Konkrete Aussagen über die Länge der Vorbereitungsphase, um einen Ironman erfolgreich zu finishen, lassen sich nur machen, wenn man Ihre genetische Veranlagung und Ihren sportlichen (oder auch unsportlichen) Hintergrund in Betracht zieht. In meinem Fall waren es vom Zeitpunkt der Unsportlichkeit bis hin zum Ironman 2 Jahre.

Sie finden im Kapitel «Trainingsplanung» Angaben über einen gezielten Trainingsaufbau mit einem Vorbereitungsjahr und einem Ironman-Jahr. Lassen Sie sich genügend Zeit zur Erreichung Ihres Zieles, Sie müssen ja nichts überstürzen und bereits zwei Monate nach Lektüre des Buches einen Langdistanz-Triathlon absolvieren.

Sollten Sie es nicht auf Anhieb schaffen, so werden Sie es wieder versuchen, wenn das Ziel stark genug in Ihnen «brennt».

Ihr Ziel:
Ich bitte Sie nun, Ihr Ziel nochmals neu zu formulieren. Als Beispiel dient Ihnen mein Triathlon-Ziel von 1994:

Ich werde am 5. September 1994 den Double-Iron-Triathlon unter den Top ten finishen.»

Die Zielformulierung ist mit der wichtigste Schritt, den Sie machen, nehmen Sie sich daher genügend Zeit und machen dies in entspannter und angenehmer Atmosphäre.

Beachten Sie die drei Elemente
- **Motivation**
- **Präzision**
- **Zeit**

Mein persönliches Triathlon-Ziel lautet:

____

____

____

Nun haben Sie bereits einen wichtigen Schritt gemacht. Ihr ganz persönliches Ziel wird Sie durch die Welt des Triathlons leiten, es wird Ihnen helfen, sich auf das Wesentliche zu konzentrieren und Wichtiges von Unwichtigem zu unterscheiden.

Es wird Ihnen beim Überwinden von Problemen und Hindernissen helfen, wenn Sie sich immer wieder auf das Ziel besinnen.

Warum halte ich die Zielsetzung für so wichtig?

... weil ich am eigenen Leib erfahren habe, welche enormen Energien durch die Hingabe zu einem Ziel freigesetzt werden können. (Ich werde deswegen von meinen Freunden oft als «kopflastiger» Athlet bezeichnet.)

Sicher haben Sie auch schon Aussagen gehört wie: «... im Kopf muß es stimmen ...», «... wenn der Wille da ist, geht alles ... oder «... der ist mental gut drauf!»

Wodurch werden diese Energien freigesetzt, und wie können wir sie steuern?

Die Gesamtenergie, die uns zur Verfügung steht, teilt sich auf in

- **bewußte = rationale und**
- **unterbewußte = emotionale Energie.**

Früher stützte sich die gängige Lehre der Psychologie auf die Annahme, daß das gesamte Potential sich wie folgt aufteilt:

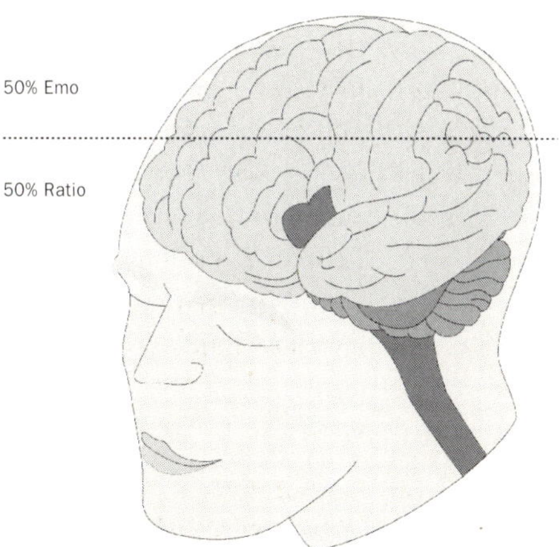

Basierend auf neuere Untersuchungen geht man jedoch davon aus, daß sich die Verteilung eher so darstellt:

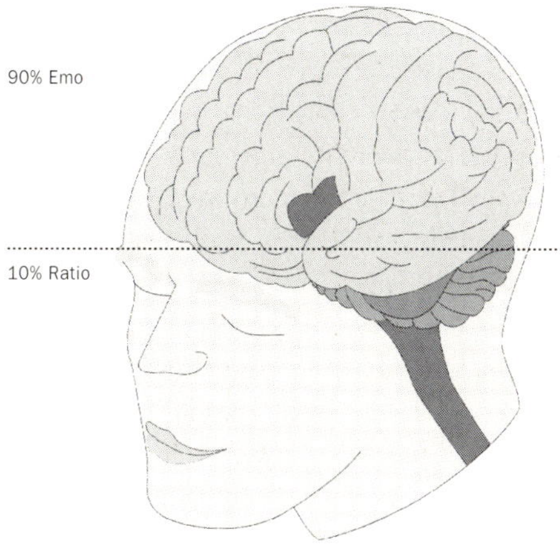

Den Unterschied bewußt/unterbewußt möchte ich an einem Beispiel verdeutlichen:

In Ihrer ersten Fahrstunde sind Sie sehr bewußt Auto gefahren, Sie haben sehr genau überlegt, welchen Gang Sie einlegen müssen, wann Sie die Kupplung betätigen, etc. Heute, nach einigen Jahren Fahrpraxis, fährt Ihr riesiger «Bio-Computer» – das Unterbewußtsein. Alle Vorgänge laufen automatisch und unbewußt ab. Sie denken nicht mehr darüber nach, sondern «es» fährt einfach.

Bewußtsein und Unterbewußtsein sind eng miteinander verknüpft. So aktiviert z. B. das Unterbewußtsein beim Autofahren das Bewußtsein, wenn eine «nicht standardisierte» Situation (Hindernis, Gefahr etc.) auftritt.

Auch umgekehrt funktioniert dies. Dadurch haben Sie die Möglichkeit, mit Ihrem Ziel, welches Sie ja im Bewußtsein definieren, auch Ihr Unterbewußtsein zu programmieren. Sie erreichen somit, daß auch die anderen 90 Prozent Ihrer Energie an der erfolgreichen Verwirklichung Ihres Zieles mitarbeiten:

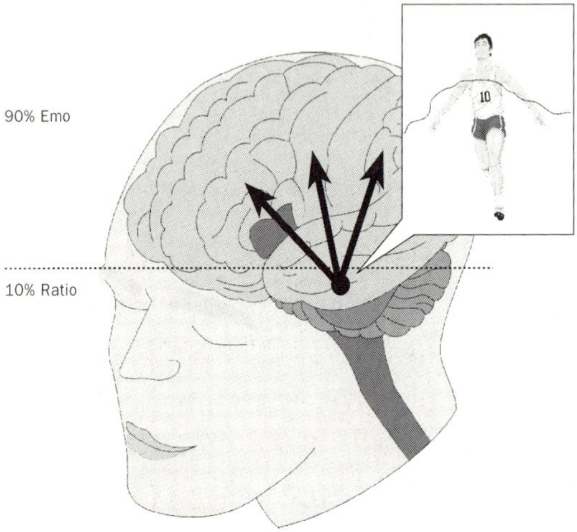

Vorgehen:
Lesen Sie Ihr persönliches Triathlon-Ziel regelmäßig mindestens 1 x pro Woche), um Ihre «Programmierung» aufzufrischen.

Sie können die Wirkung durch Visualisierung noch verstärken.

Visualisierung

Alle Menschen haben die Fähigkeit zu «Tagträumen», und diese sollten Sie systematisch nutzen zur Mobilisierung der emotionalen Ebene. «Tagträumen» Sie Ihr Ziel vom Finish eines Ironman. Sie benötigen:

- 20 Minuten Zeit
- eine Kassette / CD mit Meditationsmusik
- einen bequemen Sessel / Couch
- ruhigen, störungsfreien, evtl. abgedunkelten Raum

Vorgehensweise:

Setzen Sie sich bequem in den Sessel, stellen Sie die Hintergrundmusik leise an. (Stellen Sie keinen Wecker – vergessen Sie die Zeit für einen Moment.) Schließen Sie Ihre Augen, stimmen Sie sich gedanklich auf Triathlon ein.

Schwimmen, radfahren und laufen Sie, beobachten Sie sich beim Ausüben der Disziplinen. Es spielt keine Rolle, welche Bilder Ihnen Ihr «Bio-Computer» liefert, lassen Sie es einfach geschehen. Nachdem Sie sich ausreichend eingestimmt haben, lassen Sie sich das Bild kommen, wie Sie bei «Ihrem» Ironman durch das Ziel laufen. Genießen Sie die letzten Meter mit den applaudierenden Zuschauern. Laufen Sie über die Finish-Line, spüren Sie die innere Zufriedenheit, die sich einstellt. Beobachten Sie die gleiche Szene mehrmals aus verschiedenen Einstellungen (wie die Torszene beim Fußball im TV). Danach duschen Sie, lassen sich massieren, und anschließend *feiern* Sie Ihren Erfolg.

Lassen Sie die Augen noch etwa ein bis zwei Minuten geschlossen, und strecken und recken Sie Ihre nunmehr entspannten Glieder. Dann öffnen Sie langsam die Augen.

Effekt:

Durch diese Visualisierung (gedankliche Verbildlichung) Ihres Zieles programmieren Sie Ihr Unterbewußtsein sehr effektiv und wirkungsvoll. Ihr Bio-Computer mit seiner fast unbeschränkten Kapazität wird nun alles daransetzen, daß Sie Ihr Ziel auch in der Realität erreichen.

Häufigkeit:

Ich empfehle Ihnen, wenigenstens alle 14 Tage (besser wöchentlich) die Übung durchzuführen. Natürlich ist meine Methode kein ausgedehntes und hochwissenschaftlich angelegtes Mentaltraining. Jedoch erfüllt es seinen Zweck, und ich gehe davon aus, daß Sie keine Zeit haben, einen ausführlichen Kurs in Mentaltraining zu besuchen.

Übrigens können Sie sich mit dem gleichen Vorgehen auch für Prüfungen, wichtige Geschäftsereignisse etc. mental vorbereiten. Oder auch einfach nur entspannen, zu diesem Zweck stellen Sie sich Bilder von Ihrem Lieblingsort vor.

Weitere Angaben zu Entspannung und Meditation finden Sie im Kapitel Regeneration.

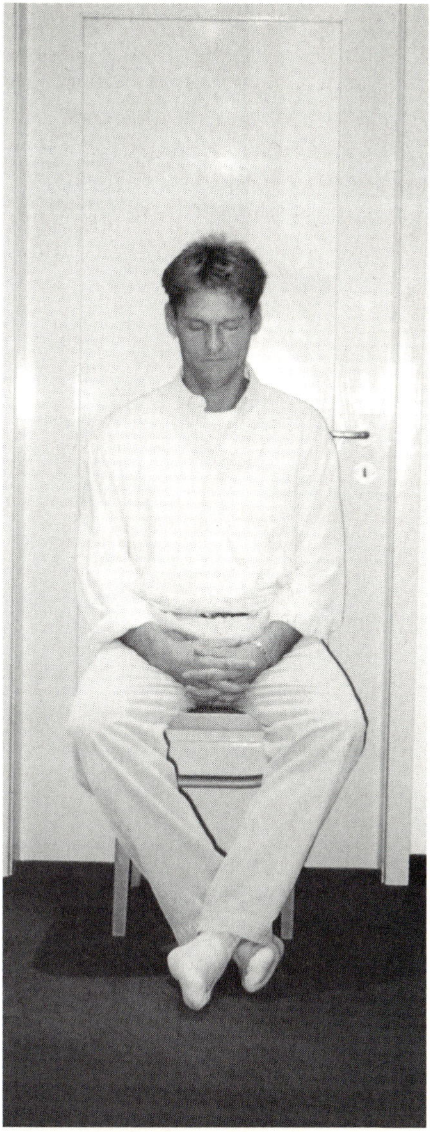

Quick facts:

1. Zielsetzung macht das (Triathlon-)Leben einfacher.
2. Die drei Elemente eines Zieles sind: Motivation, Präzision und Zeit.
3. Ihr individuelles Triathlon-Ziel setzt Energien frei.
4. Durch Visualisierung wird die Wirkung verstärkt.

Zielhinterfragung

Ich möchte Sie nun etwas «verwirren», ich möchte wissen, wie ernst Sie es mit Ihrem Ziel meinen. Bitte beantworten Sie (wieder mit Bleistift) folgende Fragen:

LEITFADEN ZUR ZIELHINTERFRAGUNG:

«Will ich das Ergebnis wirklich?»

____

«Wie wichtig ist mir das Ziel?»

____

«Was habe ich davon?»

____

«Welches ist meine Hauptmotivation?»

____

(Bitte nur einen Begriff wählen)

Diese Fragen verschaffen Klarheit zum Ziel selber. Außer der rationellen Komponente sollte auch die emotionale Komponete berücksichtigt werden, d.h., es muß «kribbeln» im Bauch.
Das *Zielszenario* (Ergebnis) sollte möglichst genau/klar beschrieben werden, um so höher ist die Wahrscheinlichkeit, es zu erreichen.
Die *Wichtigkeit* ist eine Frage der Prioritätensetzung. Oft muß ein Ziel auf Kosten von anderen (nicht so wichtigen) Zielen durchgesetzt werden.

Da Sie als Triathlet/-in beim Großteil der Bevölkerung als «Exot» gelten und oft gefragt werden, warum Sie sich so «quälen», ist es ganz hilfreich, eine passende Antwort parat zu haben. Die Antwort ist Ihre Hauptmotivation, Sie werden vermutlich einen Begriff wählen wie:

Glück, Zufriedenheit, Lust, Freude, Stolz, Befriedigung, Spaß etc., jedenfalls einen emotionalen Begriff, die nähere Bedeutung und was Sie mit ihm verbinden, wissen nur Sie und ist nicht weiter erklärungsbedürftig oder diskussionsfähig.

Auch während eines «**Ironman**» stellt man sich im Selbstgespräch die Frage nach dem Sinn, speziell dann, wenn der *Körper* signalisiert «... ich habe keine Lust mehr!» Der Geist sucht dann nach Gründen zum Weitermachen. Dieses Wechselspiel zwischen Körper und Geist ist äußerst interessant und übt einen großen Reiz aus. Dieser Reiz ist für viele Athleten die Triebfeder, sich an immer längere Distanzen heranzuwagen.

Ein Beispiel:

Am dritten Tag des «**Ultraman**» war ich nicht sonderlich motiviert, immer wieder kam «... was soll das Ganze?» Ich gab mir im Selbstgespräch die Antwort:

«Es macht mir Spaß!» Nach ca. 15 Minuten war das Wechselspiel zwischen Körper und Geist entschieden, der Geist hatte wieder mal gewonnen. Die 84 Kilometer Laufstrecke von Hawi nach Kona lief ich dann doch noch in 7:47 Stunden und überquerte glücklich die Finish-Line.

Nur durch das Ziel («Ich werde am 25. November 1995 den «**Ultraman**» Hawaii in den Top ten finishen») und durch das Bewußtsein der Hauptmotivation («Spaß») ist mir dies gelungen.

Willenskraft

Haben Sie beim Ausfüllen von Ziel und Zielhinterfragung bereits Zweifel, ein ungutes Gefühl, oder läßt es Sie kalt, und Sie verspüren nicht den inneren Wunsch, am liebsten sofort mit der Umsetzung «Ihres» Zieles anzufangen, dann ist das, was Sie notiert haben, nicht «**Ihr**» Ziel. Es ist dann vielleicht nur eine fixe Idee oder eine Zielformulierung, die nicht wirklich von Ihnen selbst stammt.

Sie brauchen zur Erreichung weder Scheibenrad noch modische Sportbrille, aber Sie brauchen eine enorme Portion Willenskraft. Diese können Sie nur dann freisetzen, wenn das Ziel in Ihnen «brennt». Die Absolvierung eines «**Ironman**» ist primär eine mentale Leistung und weniger eine körperliche. Der Begriff «**Ironman**» (Mann aus Eisen) trifft bei den meisten Finishern eher auf den «eisernen» Willen zu als auf die stählernen Muskeln.

Das Triathlon-Ziel und die anderen Lebensbereiche

Es wäre ziemlich oberflächlich, Ihr persönliches Triathlonziel getrennt von den anderen Lebensbereichen zu betrachten. Es würde den Rahmen dieses Buches sprengen, wenn wir jetzt Ihre Lebensziele auf die Beine stellen, aber ich möchte an dieser Stelle dennoch einen Gedankenanstoß zu diesem Themenbereich geben.

Ihre Lebensbereiche werden sich meist in drei Bereiche aufteilen lassen und sind mit ihren Zusammenhängen in einem Dreieck am besten darzustellen. Das «Magische» an der ganzen Sache ist nun, daß jedes Ereignis, jedes Maßnahme und jede Zielsetzung eines Bereiches auch Auswirkungen auf die anderen beiden Lebensbereiche hat.

Das magische ▲ meines Lebens

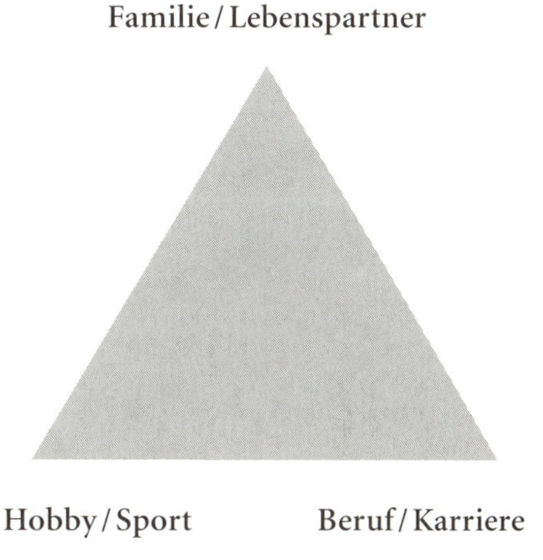

Werden Sie sich über die Auswirkungen klar, die Ihr persönliches Triathlonziel auf Ihren Alltag, Ihre Mitmenschen und Ihren Beruf hat. Versuchen Sie einen guten Mittelweg zu finden zwischen der Faszination, die dieser Sport ausübt, der einen bis zur Selbstaufopferung fordern kann, und den

Wünschen und Zielen, die Sie auch in den anderen zwei Lebensbereichen definieren sollten. Aus eigener Erfahrung bin ich überzeugt, daß der Hobby-Sportler (Finisher) sein Leistungsoptimum nur erreichen kann, wenn er sich auf eine harmonische und glückliche Beziehung mit seinem Lebenspartner bzw. mit seiner Familie stützen kann.

Da Ihr Ziel jetzt steht, können wir nun an die Umsetzung gehen.

Quick facts:

1. Die Hauptmotivation, um Ihr Ziel zu verfolgen, sollte bekannt sein.
2. Der (eiserne) Wille ist unbedingt erforderlich.
3. Eine «fixe Idee» ist noch lange kein «brennendes Ziel».

In den gängigen Fachzeitschriften wird das Pro und Contra von Leistungstests und Training mit dem Pulsmesser immer wieder diskutiert. Die Befürworter meinen, nur mit diesen Hilfsmitteln sei zielgerichtetes Training möglich, die Gegner argumentieren mit Verlust an Freude und setzen auf das Körpergefühl.

Fakten

Fast alle Spitzenathleten von Ausdauersportarten nutzen die Leistungsdiagnose und/oder Pulsmesser zum Zwecke von effektivem Training und zur Leistungssteigerung.

Um nur einige zu nennen: Tony Rominger, Miguel Indurain, Alex Zülle, Jan Ulrich, Dieter Baumann, Dave Scott, Scott Tinley. Im Peloton der Tour de France fahren mehr als 70 Prozent der Teilnehmer mit speicherfähigen Pulsmeßgeräten.

Im Hobbybereich sind viele tausend Pulsmesser verkauft worden. Für den zielgerichteten Einsatz dieses äußerst präzisen Meßinstrumentes fehlt es leider in der Regel an Wissen um Trainingsintensitäten und Trainingsaufbau.

Das eigene Körperempfinden ist meistens ein schlechter Gradmesser für die richtige Trainingsintensität. Ein an unserem Sportinstitut durchgeführter Versuch mit 80 Hobbysportlern ergab, daß 72 Prozent der Probanden die für sie richtige Trainingsintensität zur Steigerung der Grundlagenausdauer viel zu hoch einschätzten.

Faustformeln zum Berechnen der Trainingsherzfrequenzen (z. B. 220 minus Lebensalter) sowie die von den Herstellern der Pulsmeßgeräte verbreiteten Tabellen treffen nur für einen Teil der Bevölkerung zu und berücksichtigen nicht die Individualität eines jeden menschlichen Körpers. Schauen Sie sich im Spiegel an – genauso einzigartig wie Ihr Äußeres ist auch Ihr Körper im Inneren. Jeder Kreislauf hat ein individuelles Leistungsvermögen.

Ebenfalls bleiben der aktuelle Trainingszustand und dessen Veränderung unberücksichtigt.

Eine weitverbreitete Trainingsmethode ist immer noch «… je härter, desto besser» oder frei nach Arnold Schwarzenegger «No pain – no gain» (siehe auch Fehler Nummer 1 auf Seite 19).

Schließlich lernen wir ja schon in jungen Jahren, daß man sich verdammt noch mal anzustrengen hat, wenn man es zu etwas bringen will, oder wie der Volksmund so schön sagt: «Ohne Fleiß kein Preis!» Dieses Leistungsprinzip wird von uns natürlich auch auf den Sport transferiert, und daher wird von vielen Unwissenden jegliche sportliche Betätigung mit Schweiß und hochrotem Kopf gleichgesetzt.

Meine Erfahrungen

Auch ich habe in den Jahren 1989 bis 1991 eher kontraproduktiv trainiert, d. h. ohne jegliche Grundlage permanent am Anschlag. Den Sprung in den Ergebnislisten vom hinteren Drittel in das vordere, den ich 1994 vollzogen habe, führe ich primär auf durchgeführte Leistungsdiagnosen und die Trainingssteuerung per Pulsmesser zurück. Zur Verdeutlichung meine Resultate zweier Wettkämpfe vor und nach der Trainingsumstellung anhand der Meßwerte.
Die aus der Tabelle ersichtliche Leistungssteigerung ist zunächst prozentual betrachtet mit 6,4 und 8,1 Prozent nicht groß, und viele Sportler haben die falsche Annahme, man müsse Steigerungen von 20 oder gar 30 Prozent erzielen können. Aber betrachtet man die Zeitunterschiede von 33 oder gar 52 Minuten auf ein und dieselbe Person, sind das Welten. In der Rangliste der o. g. Wettkämpfe sind dies gar mehrere hundert Plätze. Auch war der durchschnittliche Puls nunmehr bei den Wettkämpfen niedriger, mein «Motor» mußte nicht mehr so hoch «drehen», d. h. weniger Belastung.

Ich rate daher jedem angehenden Triathleten, gleich zu Beginn der Trainingsaufnahme eine Leistungsdiagnose zu absolvieren. Dies nicht allein, um möglichst schnell sein volles, individuelles Leistungspotential zu entfalten, sondern gerade auch aus gesundheitlichen Gründen.

Sie finden im Anhang eine Liste von Unternehmen, die solche Dienstleistungen wie Leistungsdiagnose und Trainingsplan anbieten. Generell ist es empfehlenswert, daß gerade Anfänger und Wiedereinsteiger bei Aufnahme einer ausdauerorientierten Sportart (Laufen, Radfahren, Schwimmen, Rudern, Langlauf etc.) einen medizinisch überwachten Leistungstest absolvieren.

	1992	**1994**	**Differenz**
Powerman Zofingen 7,5-150-30	8:28	7:55	33 Minuten (6,4 %)
Ironman Europe 3,8-180-42	10:37	9:45	52 Minuten (8,1 %)

Worum geht es bei der Leistungsdiagnose?

Ermittelt wird Ihre Ausdauerfähigkeit auf verschiedenen Belastungsstufen, während des Tests werden die geleistete Arbeit, der Puls und ggf. noch andere Parameter aufgezeichnet. Von den Aufzeichnungen werden Ihre individuellen Pulswerte für die verschiedenen Trainingsbereiche abgeleitet.

Ich stelle bei meinen Ausführungen zum Thema Training gerne den Vergleich zum Automobil her:

Auto	=	**Mensch**
Motor	=	Herz
Drehzahl	=	Pulsschläge
Drehzahlmesser	=	Pulsmeßgerät
Fahrwerk	=	Bewegungsapparat
Vergaser	=	Lunge
Benzin	=	Nahrung
etc.		

Bevor der Automobilhersteller Angaben zur Leistung des Motors machen kann (z. B. 108 kW bei 3800 U/min.) kommt der Motor auf einen Prüfstand. So erhalten wir wichtige Werte wie z. B. Benzinverbrauch oder die Drehzahl für maximales Drehmoment.

Der eigentliche Gewinn aus einem Leistungstest ist die Bestimmung Ihrer individuellen Pulswerte. Sie verfügen dann über die Erkenntnis, bei welcher «Drehzahl» Ihr «Motor» im grünen, gelben und roten Bereich dreht. Dies ist für Ihr Training noch wichtiger als für Ihr Auto, denn Sie möchten sicher nicht ständig im roten Bereich «drehen» und damit Ihr Herz-Kreislauf-System überfordern und somit Ihrer Gesundheit schaden, statt sie zu fördern.

Ein Leistungstest ist kein vorweggenommener Wettkampf. Es kommt häufig vor, daß Athleten, die einen «schlechteren» Test (bezogen auf die Fahrzeit beim Test auf dem Fahrradergometer oder auf die Endgeschwindigkeit beim Laufconconi) als der Trainingspartner absolviert haben, aber im Wettkampf den vermeintlich Besseren um Längen schlagen. Dies ist logisch, da im Wettkampf noch viele andere Faktoren das Resultat entscheidend beeinflussen, die im Test nicht relevant bzw. nicht zu simulieren sind.

Also versteifen Sie sich nicht zu sehr auf die ermittelte Gesamtleistung bei Ihrem Test, als vielmehr auf Ihre individuellen Pulswerte für die effektive Trainingsgestaltung.

Bei meinem ersten Test entsprach die gemessene Leistungsfähigkeit mehr einer Ausdauerniete als jemandem, der den Trans-Swiss Triathlon finishen könnte.

Welche Arten von leistungsdiagnostischen Tests werden am Markt angeboten?

Conconi-Test

Entstehung:
Der Conconi-Test ist eines der bekanntesten und meist durchgeführten Leistungsdiagnoseverfahren.
1972 erstmals von dem italienischen Arzt Francesco Conconi praktiziert, ausgehend von der Annahme, daß im

Conconi-Test: **Schwelle**

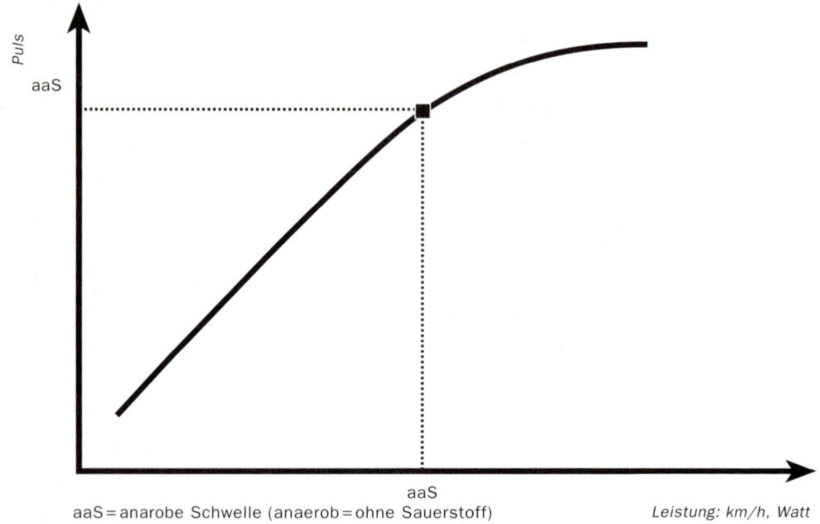

unteren und mittleren Leistungsbereich die Herzfrequenz sich linear zur geleisteten Arbeit verhält und im oberen Bereich dann nicht mehr linear verläuft, sondern rein grafisch gesehen «abknickt». Dr. Conconi stellte nun die These auf, daß dieser Knick (siehe Grafik) die anaerobe Schwelle darstellt und dabei die erbrachte Leistung unterhalb dem «aeroben» Leistungsvermögen des Probanden entspricht und oberhalb des Knickes die anaerobe Kapazität darstellt.

Meßparameter:
- Herzfrequenz
- getretene Leistung (beim Test auf dem Fahrradergometer)
- bzw. Laufgeschwindigkeit (beim Test auf der Laufbahn)

Kosten:
- 50 bis 120 DM / SFr. je nach Ausführung (Gruppe / Einzelperson)
- und Auswertung bzw. Interpretation

Vorteile:
- Einfache Durchführung
- Ideal für Gruppen
- Kostengünstig
- In der Regel standardisiert

Nachteile:
- Es werden nur zwei Parameter gemessen
- Sehr interpretationsbedürftig
- (Nur ein Fachmann mit Erfahrung und Kenntnis des Athleten wird den Test fehlerfrei interpretieren)

Durchführung:

Lauf:

- Auf einer 400-m-Laufbahn werden alle 20 Meter Markierungen angebracht. Die Testpersonen müssen jeweils zu einem Signalton der Steuerungsanlage an der nächsten Markierung angelangt sein. Die Abstände zwischen den Signaltönen werden kontinuierlich verkürzt, die Testpersonen müssen immer schneller laufen, bis sie schlicht und ergreifend nicht mehr können.

Fahrrad:

- Das Prinzip ist dasselbe: Man beginnt mit einer relativ niedrigen Belastung (z. B. 60 Watt) und steigert dann kontinuierlich den zu tretenden Widerstand, wobei die zeitlichen Abstände zur nächsthöheren Belastungsstufe immer kürzer werden.

Auswertung:

- Während der gesamten Dauer wird die Herzfrequenz festgehalten und später in einem Diagramm in Relation zur Geschwindigkeit bzw. Leistung gesetzt. Der im aeroben Ausdauerbereich linear (in einer Geraden) ansteigende Puls geht mit einem Knick und nicht mehr gleichmäßig ansteigend in den anaeroben Bereich über.
  Die Leistung bzw. der Pulswert bei diesem Knick stellt die anaerobe Schwelle dar. Die Leistung an der Schwelle (und nicht die Maximalleistung!) wird zur Auswertung und Definition der Trainingsbereiche mit 100 Prozent gleichgesetzt.
  Nun werden rein mathematisch vom Schwellenwert aus die Trainingsbereiche errechnet (z. B. Grundlage bei 75–80 Prozent des Schwellenwertes).

Exkurs aerob / anaerober Stoffwechsel

Im **aeroben** Bereich wird die benötigte Energie in einem Verbrennungsprozeß produziert. Dabei werden abhängig von der Belastung Fettsäuren und / oder Kohlenhydrate (Zucker) mit Hilfe von Sauerstoff zu Wasser und Kohlendioxyd verbrannt. (Man kann sich das wie einen Verbrennungsmotor mit Benzin und Sauerstoff vorstellen). Je höher die momentan erbrachte Leistung ist, desto höher ist der Verbrauch an Fettsäuren und / oder Kohlenhydraten (Zucker) und damit auch an Sauerstoff.

Um diesen Sauerstoff in die energieproduzierenden Muskelzellen zu bringen, muß das Herz rascher pumpen. Dies zeigt sich im Ansteigen des Pulses.

Ist bei maximalem Energiebedarf die Sauerstoffaufnahmekapazität der Muskulatur erschöpft, muß weitere Energie mit Hilfe eines Systems erzeugt werden, welches nicht auf dem ökonomischen Verbrennungsprinzip beruht. Mit dem **anaeroben** (ohne Sauerstoff) Stoffwechsel kann zusätzliche Energie bereitgestellt werden. Jetzt wird aber der energieliefernde Zucker nicht mehr verbrannt (wie der Automotor) sondern vergärt (wie saurer Most), und es fällt als Abfallprodukt Milchsäure an.

Diese Milchsäure kann nicht mehr abgebaut werden und läßt den Sport-

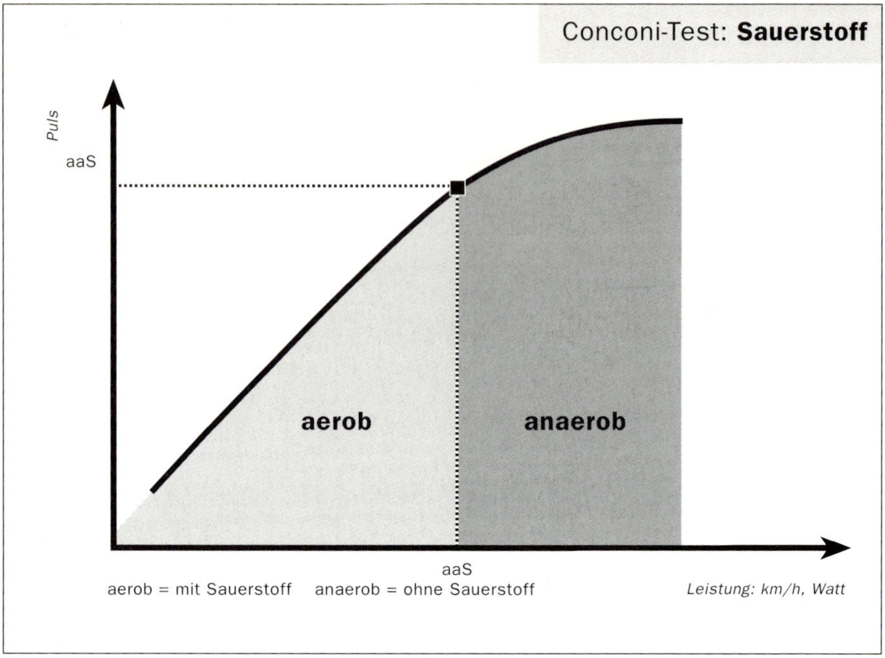

ler bei anhaltend hoher Leistung über kurz oder lang im wahrsten Sinne des Wortes versauern. Der Stoffwechsel bricht unter der Übersäuerung zusammen.

Exkurs Auswertung bzw. Ableitung der Trainingsherzfrequenzen beim Conconi-Test

Die standardisierte Rückrechnung der Werte von der Schwelle (z. B. Grundlage bei 75–80 Prozent des Schwellenwertes), wie man sie in der Literatur findet, ist nach unserer Erfahrung meist zu hoch.

Immer wieder hören wir von Sportlern, daß sie sich nach einer Trainingsperiode mit den ermittelten Werten eines Conconi-Tests ausgelaugt und schlapp fühlen, das Training wird als zu intensiv empfunden. Wir raten daher, die Werte wie folgt zu berechnen:

Grundlagenausdauer (GA):
50–70 Prozent
Kraftausdauer (KA):
70–90 Prozent
Entwicklungsbereich (EB):
90–100 Prozent
(bezogen auf die erbrachte Leistung in Watt an der Schwelle).

Wichtig ist auf jeden Fall, daß der persönliche Eindruck des Testers/Trainers mit in die Auswertung einfließt,

Conconi-Test: **Trainingsbereiche**

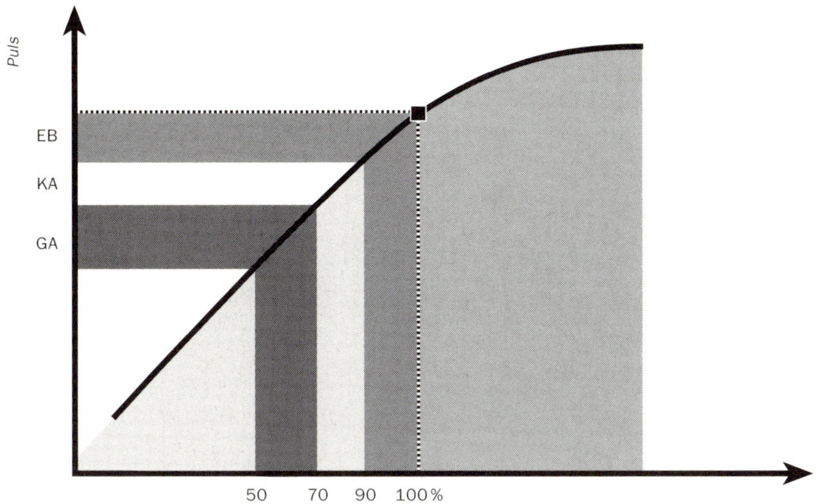

GA = Grundlagenausdauer EB = Entwicklungsbereich
KA = Kraftausdauerbereich

da sonst die Gefahr von Fehlauswertungen recht groß ist.

Testvergleich und Leistungssteigerung

Die Diagramme zweier Tests (der gleichen Person) geben Aufschluß über die Leistungsfähigkeit.

Beispiel Verschlechterung

In dieser Grafik (siehe Seite 54) sind die Kurvenverläufe zweier Tests eingezeichnet. Im ersten Test wurde eine höhere Endgeschwindigkeit erzielt, und die Leistungen wurden in allen Geschwindigkeitsbereichen mit weniger Pulsschlägen pro Minute erbracht.

Die Leistungsfähigkeit des Sportlers ist also schlechter als beim ersten Test. Ein solcher Befund kann unterschiedlichste Gründe haben wie z. B. Krankheit, falsche Trainingsgestaltung, mangelnde Regeneration, Probleme in anderen Lebensbereichen etc. Bei Anfängern tritt ein solcher Befund eher selten auf. Bei langjährigen Läufern findet man dies leider sehr oft, da hier teils über Jahre zu intensiv und ohne genügende Erholung trainiert wird. Ebenfalls hat man den unrealistischen Wunsch, daß die Leistungsfähigkeit in jedem Läuferjahr besser werden müsse. Stellt sich der Erfolg dann nicht wie gewünscht ein, werden der Trainingsumfang und die Trainingsin-

Beispiel: **Verschlechterung**

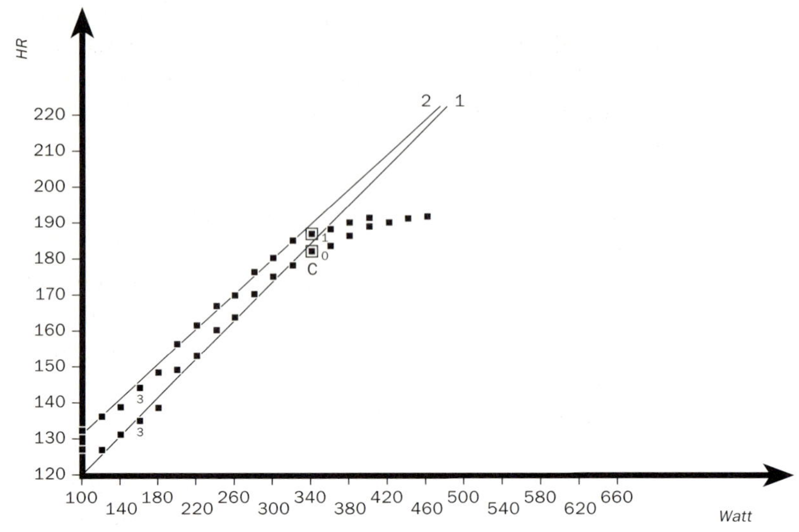

Beispiel: **Verbesserung**

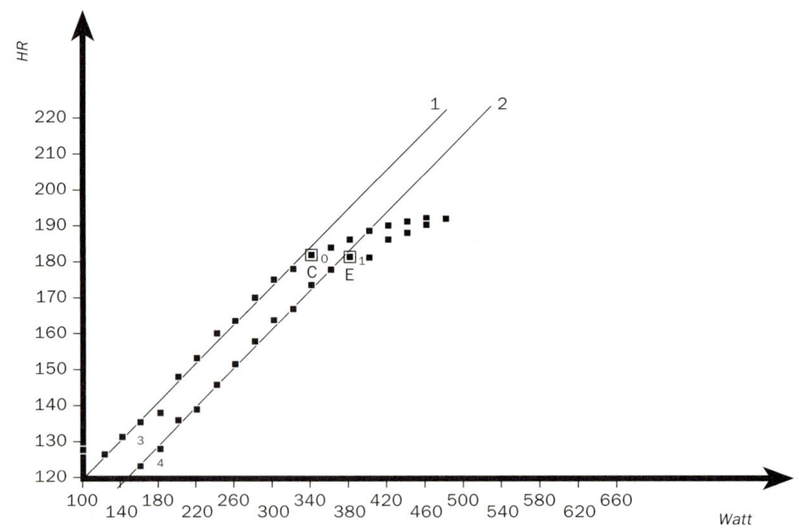

tensität erhöht, bis Verletzungen auftreten. Die gängigen Läufermagazine sind voll von solchen «Leidensgeschichten». Das eigene Trainingskonzept wird meist nicht in Frage gestellt. Ein Teufelskreis aus falschem Ehrgeiz und mangelnder Information.

Beispiel Verbesserung (über ganze Bandbreite)

Diese Grafik (siehe Seite 54 unten) unterscheidet sich kaum von der ersten, nur daß nun der erste Test in der linken Kurve und der spätere Test in der rechten Kurve dargestellt ist.

Das heißt, daß die erreichte Endgeschwindigkeit höher geworden ist. Viel wichtiger jedoch ist die Tatsache, daß über das gesamte Leistungsspektrum die Pulswerte des Sportlers bei gleichen Geschwindigkeiten wesentlich niedriger liegen, der Motor muß nicht so hoch «drehen» und nutzt sich dadurch auch weniger ab. Eine absolut wünschenswerte Entwicklung.

Beispiel Verbesserung (der aeroben Basis)

In diesem Beispiel hat sich die Kurve nicht parallel nach rechts verschoben, sondern die Kurve des zweiten Tests verläuft **steiler**. Im unteren Bereich (langsame Geschwindigkeiten) werden gleiche Leistungen mit weniger Pulsschlägen erbracht, im oberen Bereich knickt die Kurve jedoch früher ab, und es kann nicht mehr die alte Endgeschwindigkeit erbracht werden.

Beispiel: **aerobe Verbesserung**

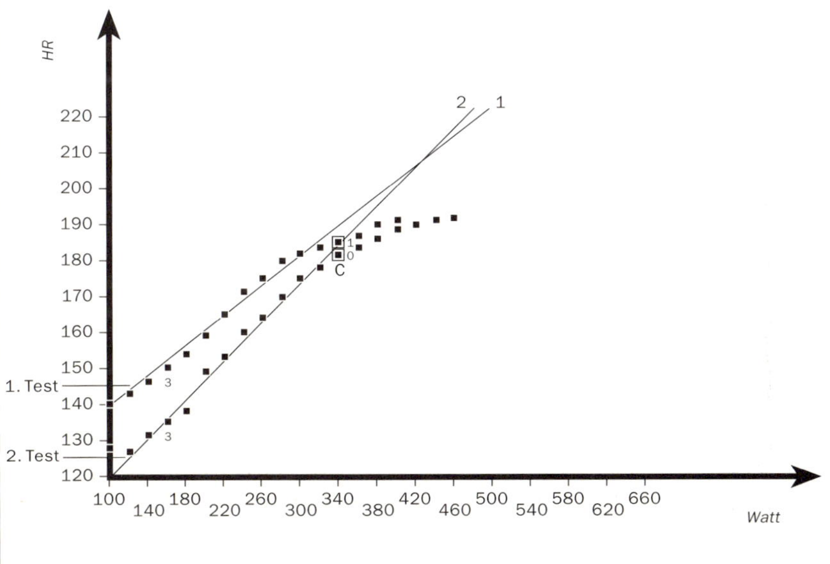

Dies ist ein recht typisches Bild für einen Athleten, der ganz gezielt und ausschließlich in der Trainingsperiode zwischen den beiden Tests die Grundlagenausdauer trainiert hat.

Die fehlende Endgeschwindigkeit kann durch gezielte Einheiten im Kraftausdauer- und Entwicklungsbereich wiedererlangt werden. Jedoch ist dies für einen Langdistanz-Triathleten nicht entscheidend.

Weitere Details zur Testauswertung werden beim folgenden Laktatstufentest erörtert, da dieser für das Vorhaben Ironman am besten geeignet ist.

Laktatstufen-Test

Entstehung:
Der Stufentest oder auch Laktatstufentest wurde 1956 in der ehemaligen DDR vom FKS (Forschungsinstitut für Körperkultur und Sport) in Leipzig entwickelt. Es handelt sich um eine weiterführende und länger dauernde Testmethode als der Conconi-Test. Durch die Hinzunahme des Laktat als weiteren Meßwert hat man im Spitzensport neue Erkenntnisse zur Trainingssteuerung erhalten. Dieses Testverfahren war jahrelang daher auch nur den Profiathleten vorbehalten. Heute dürfte der Laktatstufentest die meistbenutzte Testmethode für ambitionierte Ausdauersportler sein.

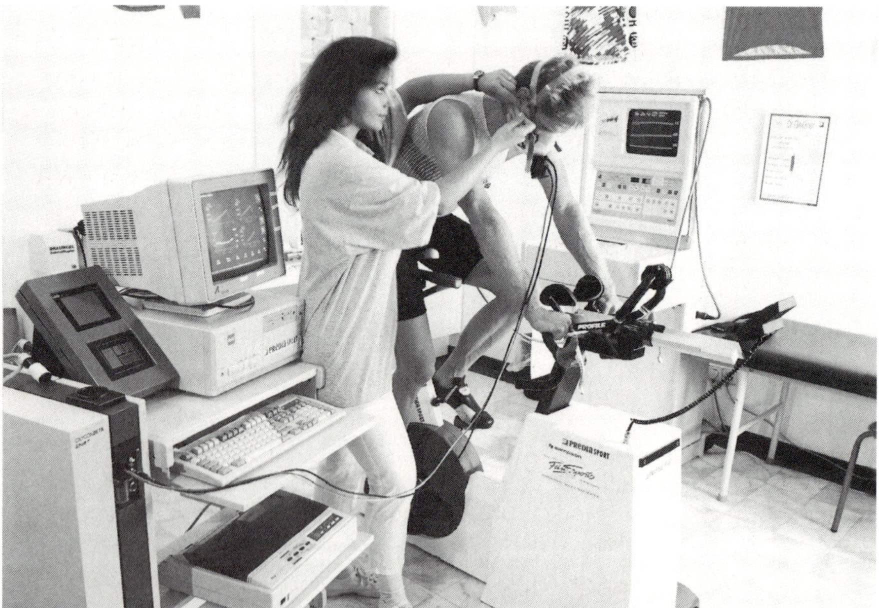

Auf dem Prüfstand

Meßparameter:
Herzfrequenz
getretener Widerstand bzw. Laufgeschwindigkeit
Laktat (= Salz der Milchsäure, das sich bei körperlicher Betätigung im Muskel ansammelt, Maßeinheit = mmol/Liter Blut)
Kosten:
80 bis 150 € je nach Ausführung
Vorteile:
Hohe Genauigkeit
Ideal für Fahrrad
Nachteile:
Mehr Aufwand (Laktatmessung)
Nur Person für Person durchführbar
Durchführung:
In der Regel wird der Test auf dem Fahrradergometer durchgeführt.
Wie beim Conconi-Test wird bis zum «Abwinken» gefahren. Die einzelnen Belastungsstufen sind jedoch länger, in der Regel 4 Minuten, und bleiben konstant. Gestartet wird meist bei 90 Watt. Nach 4 Minuten erhöht sich der Widerstand auf 120 Watt usw. Zusätzlich zu der Aufzeichnung der Pulsfrequenz wird am Ende jeder Stufe (daher der Name) ein Tropfen Blut an dem Ohrläppchen entnommen und aus diesem die Laktatkonzentration im Blut ermittelt.
Auswertung:
Die Werte werden ebenfalls in das Diagramm übertragen. Die verschiedenen Trainingsbereiche werden anhand der Laktatwerte ermittelt. Hier haben sich folgende Werte etabliert:
Grundlagenausdauer (GA):
Laktat 1–2 mmol/L
(für LZA 4 Langzeitausdauer über 6 Stunden)
Kraftausdauer (KA):
Laktat 2–3 mmol/L
Entwicklungsbereich (EB): Laktat 3–6 mmol/L
Spitzenbereich (SB):
Laktat > 6 mmol/L
Es werden dann aus dem Diagramm die korrespondierenden Herzfrequenzen abgelesen (siehe oben).

Außer den drei Parametern (Leistung, Herzfrequenz und Laktat) werden gelegentlich auch noch weitere Parameter hinzugezogen:

EKG:
Es wird während des gesamten Testverlaufs ein Elektrokardiogramm aufgezeichnet. Dies stellt dann ein ausführliches Belastungs-EKG dar. Somit erhält man Aufschlüsse über das Verhalten der Herzfunktionen unter Belastung. Dies ist nicht unbedingt notwendig, da man beim Sportler in der Regel ein gesundes Herz annimmt, für den Anfänger und Wiedereinsteiger ist dies jedoch ratsam.

Spiroergometrie (auch Gasaustauschanalyse):
Die Testperson wird zusätzlich mit einer Maske ausgestattet, die Nase und Mund abdeckt. Die Meßfühler registrieren ausgeatmetes Kohlendioxid und aufgenommene Sauerstoffmenge. Diese beiden Werte werden ins Verhältnis zueinander gesetzt, man erhält somit den sogenannten Respiratorischen Quotienten (RQ). Er soll weiter-

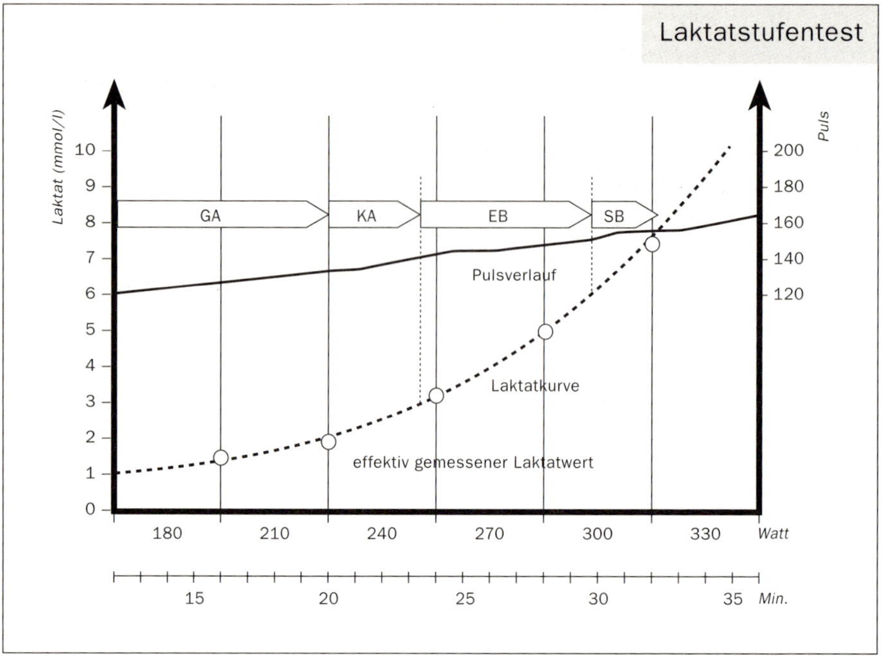

gehende Informationen über die anaerobe Schwelle liefern.
Über den Nutzen dieses Meßwertes ist man sich nicht einig. **Dafür** sprechen z. B. die Erfahrungen und Untersuchungen von Röcker / Dickhuth. Die Spiroergometrie «... würde z. B. eindeutigeren Aufschluß über den Anteil der anaeroben Energiebereitstellung in Zeitverlauf geben, als dies über nachträgliche Laktatabnahmen oder über die Aufzeichnung der Herzfrequenz möglich wäre.»

Dagegen sprechen die Erfahrungen von Wolfram Lindner, dem erfolgreichsten Trainer im Rad-Leistungssport. Er hat zu DDR-Zeiten Hunderte von Stufentests mit spiroergometrischen Messungen durchgeführt und berichtet über *keine* nennenswerten zusätzlichen Erkenntnisse aus diesen Messungen.

Der Vollständigkeit halber sei noch erwähnt, daß noch eine Fülle weiterer Testmethoden existiert, wie z. B. Cooper-Test, Schwellen-Test, 12-km-Test etc., auf die jedoch nicht näher eingegangen wird, da ich sie für die Erreichung Ihres Zieles nicht für relevant bzw. geeignet halte. Zu dem oben erwähnten EKG gibt es weitere medizinische Untersuchungen, die u. U. hilfreich sein können, wie z. B. Sportscreens (Bluttest) und Urinproben.

Erläuterungen zur Blutuntersuchung (Sport-Screen)

Mit dem Sport-Screen werden Überlastungen und allfällige Mängel erkannt. Diese Untersuchung ermöglicht, die Trainingsbelastung effizient zu steuern und einen zielgerichteten Trainingsaufbau zu erreichen.

Belastung
Muskelbelastung
GOT, GPT, Kreatinkinase, Harnsäure
Gesamtbelastung Eiweißstoffwechsel
Harnstoff

Mängel
Magnesium
Wichtig für die Muskeltätigkeit
Eisenstoffwechsel

Patient: Herr
Petersen
Olé
1961
Entnahme: 11. 11. 95
Eingang: 11. 11. 95
Versand: 11. 11. 95
Untersuchungsbericht Nr: 9511.0842
Citrat-Blut, Vollblut, EDTA-Blut

	Resultate	**Maßeinheit**	**Ref.-Bereich Männer**
Sport-Screen:			
GOT [ASAT]	23	U/1	(bis 37)
GPT [ALAT]	24	U/1	(bis 41)
CK Kreatinkinase	156	U/1	(bis 190)
Harnsäure	215	µmol/l	(200–420)
Harnstoff	4,4	mmol/l	(2,0–8,0)
Eiweiße gesamt	71	g/l	(66–83)
Glukose nüchtern	5,2	mmol/l	(3,3–6,1)
Cholesterin	5,1	mmol/l	(3,5–6,7)
Ferritin	193	µg/l	(30–220)
Magnesium	0,87	mmol/l	(0,65–1,05)
Erythrozyten	5,4	Mio/µl	(4,5–6,0)
Hämoglobin	9,5	mmol/l	(8,8–11,0)
Hämatokrit	0,48	absolut	(0,40–0,54)
Leukozyten	5700	/µl	(3700–9600)
Blutsenkung	4	mm/h	(bis 10)

Ferritin als Eisenspeicher (wichtig für die Blutbildung)
Blutbildung
Erythrozyten (rote Blutkörperchen, Sauerstofftransport)
Hämoglobin (roter Blutfarbstoff, Sauerstofftransport)
Hämatokrit (Dicke des Blutes, Kontrollwert)
Leukozyten (weiße Blutkörperchen, Infektabwehr)

Kontrollwerte
Präventiv für Herz-Kreislauf-Risiko
Glukose (Blutzucker)
Cholesterin (Blutfett) mit HDL-Cholesterin (spezieller günstiger Cholesterinanteil) bei allenfalls kritischem Cholesterin
Aktuell
Eiweiß
Blutsenkung

Empfohlene Häufigkeit von Blutuntersuchungen
Für Fitness-, Hobby- und Amateursportler 1–2mal pro Jahr.
Einmal nach der ersten intensiven Trainingsperiode bzw. in der Vorbereitungsphase für die Wettkampfsaison. Ein zweites Mal allenfalls im Verlauf der belastenden Wettkampfperiode.
Für Leistungssportler
2–4mal pro Jahr, je nach Trainings- und Wettkampfbelastung.

Welche leistungsdiagnostischen Untersuchungen sollten Sie nun durchführen?

Meine Empfehlung:
2mal pro Jahr einen Laktatstufentest auf dem Radergometer und zusätzlich einen Blutscreen. Wichtig ist der richtige Zeitpunkt für die Tests:

Der erste Test sollte *vor* Aufnahme des Trainings bzw. bei bereits Aktiven kurz vor dem Hauptteil der Grundlagenperiode (normalerweise im März/April inkl. einem 2–3wöchigen Trainingslager) absolviert werden. Ziel ist es, die Herzfrequenzen für den Grundlagenbereich genau zu ermitteln, ggf. sollten hierzu auf den untersten Belastungsstufen einige Blutproben mehr entnommen werden. Um dann möglichst effektiv und diszipliniert zunächst nur diesen Bereich zu trainieren.

Der zweite Test und der Blutscreen sollten circa 5–6 Wochen vor dem Höhepunkt (Ironman oder Vorbereitungswettkampf im ersten Jahr) erfolgen. Nunmehr ist das Ziel des Tests, die Herzfrequenzen für den Wettkampf zu definieren. Näheres hierzu finden Sie im Kapitel «Der Tag ‹X›».

Mobile Meßgeräte

Es sei kurz darauf hingewiesen, daß am Markt auch kleine, handliche und mobile Laktatmeßgeräte angeboten werden. Preislich liegen diese bei ca. 300 €.

Dem Sportler wird somit die Möglichkeit geboten, Laktatmessungen selber durchzuführen bzw. einen Laktatstufentest Marke «do it yourself» durchzuführen.

Wir raten davon ab: Die Genauigkeit dieser Geräte im Vergleich zu den üblichen Laborgeräten ist unzureichend. Selbst wenn die Blutproben mit Kapilaren entnommen werden, was der Sportler wohl selbst kaum tun wird, können die Vergleichsergebnisse der Proben dermaßen daneben liegen, daß eine Auswertung fragwürdig erscheint.

Ein weiterer Unsicherheitsfaktor ist die Steuerung und Eichung des benutzten Ergometers. Die «haushaltsüblichen» Rollen bzw. Hometrainer sind nicht brauchbar. Es dürfte einleuchten, daß sich mit solch einfachen Mitteln nicht die Qualität einer Meßstation von 60000 DM / SFr. und mehr imitieren läßt.

Testvergleich und Ableitung

Natürlich sollen Ihre verschiedenen Tests miteinander verglichen werden. Aber Vorsicht, seien Sie nicht gleich frustriert, wenn der zweite Test nicht die gewünschte Leistungssteigerung ausweist. Es ist eben ein Test unter Laborbedingungen, der nicht Ihre endgültige Leistungsfähigkeit im Wettkampf repräsentiert. Oberste Priorität sollte immer die aktuelle Ableitung der Herzfrequenzen für die Trainingsgestaltung haben.

Wenn Sie alles richtig machen und nach den Angaben des folgenden Abschnittes «Trainingssteuerung» trainieren, wird Ihre absolute Leistung (= maximal getretene Leistung in Watt) unter Umständen sogar schlechter, da wir zunächst nur an Ihrer aeroben Basis arbeiten und dadurch Ihre Fähigkeiten, anaerobe Leistung zu erbringen, quasi «einschlafen». Dies ist aber nicht weiter schlimm, da wir für das Ironman-Finish nur an der aeroben Leistungsfähigkeit interessiert sind.

Entscheidend ist, welche Leistung Sie in den unteren Drehzahlbereichen Ihres «Motors» zustande bringen.

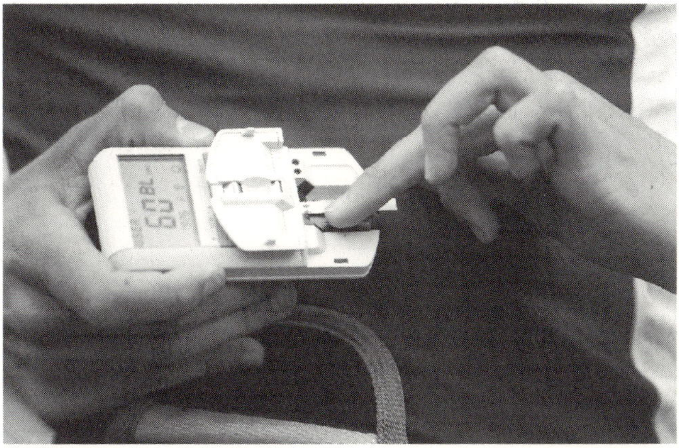

Mobiles Laktatmeßgerät

Test	**(Nr.)**	**1**	**2**
Datum		20.12.93	05.05.94
Startzeit		19:15	20:14
Körpermaße		74,7 kg	74,0 kg
Fettanteil		9,9%	9,7%
Fettmasse		7,4 kg	7,2 kg
Temperatur	(°C)	23.0	22.0
Luftdruck	(hPA)	933	938
Luftfeuchtigkeit	(%)	– –	– –
Zeitintervall	(a)	240	240
Startleistung	(Watt)	90	90
Leistungsintervall	(Watt)	30	30
Fahrzeit insgesamt		37:10	42:00
Maximalleistung	(Watt)	360	390
Maximalpuls	(/ min)	174	174
Maximallaktat	(mmol / l)	7.81	9.48
Sauerstoffaufnahme	(ml / kg x min)	59.3	65.7
– Laktat 2 mmol / l	(Zeit / Puls)	25:40 / 157	30:20 / 153
– Laktat 3		29:00 / 162	33:30 / 158
– Laktat 4		31:30 / 167	35:30 / 161
– Laktat 5		33:20 / 171	37:10 / 166
– Laktat 6		35:00 / 173	38:40 / 168
– Laktat 7		36:10 / 171	39:40 / 168
– Laktat 8			40:40 / 170
Erholungsphase:			
– Zeit nach Abbruch	______		
– Puls (/ min)	______		
– Laktat (mmol / l)	______		

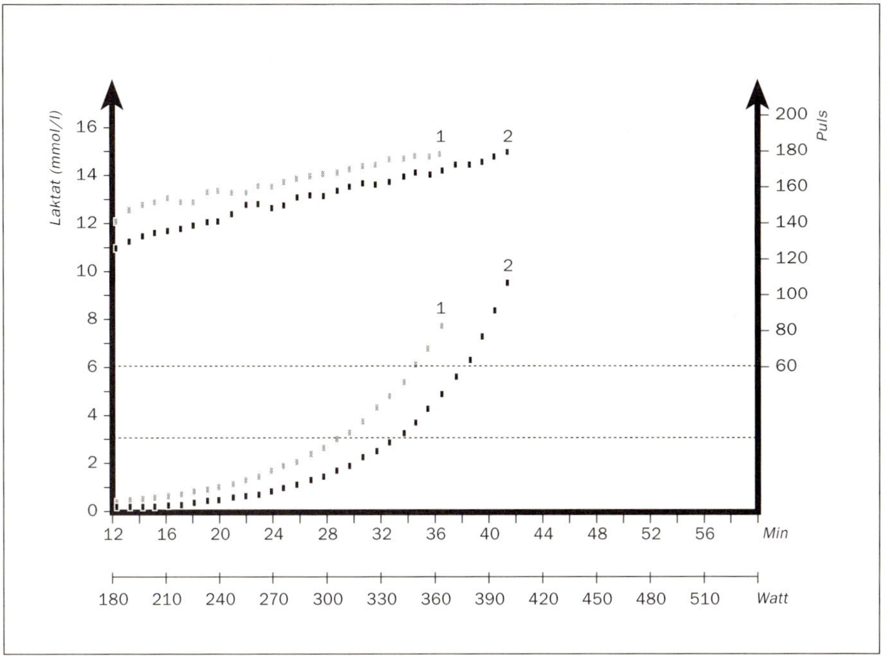

Erwünscht ist also viel Power mit wenig Drehzahl. Wie eine solche Leistungsverbesserung für das Ziel Ironman im Testdiagramm aussieht, verdeutlicht obenstehende Darstellung.

Der Pulsverlauf ist durchgängig bei vergleichbarer Leistung niedriger, das Laktat steigt erst sehr viel später an.

In welcher Disziplin testen?

Warum den Test nur auf dem Fahrrad absolvieren und nicht auch beim Schwimmen, oder wenigstens mal einen Lauf-Conconi? Sie kennen meine Meinung über die Wichtigkeit des Schwimmens zum erstmaligen Finishen eines Ironmans bereits aus der Einführung – warum also dort Tests durchführen?

Die bestimmende Disziplin ist zunächst das Radfahren. Hier legen Sie den Grundstein für Ihren Erfolg. Die meiste Zeit im Ironman verbringen Sie auf dem Rad. Ein Lauf-Conconi erübrigt sich, da das Laufen im abschließenden Marathon eines Ironmans nichts, aber auch gar nichts mit dem Laufen im Test zu tun hat, den Sie ausgeruht absolvieren würden.

Ich mache seit 1992 jährlich zwei Tests wie oben geschildert und habe damit sehr gute Erfahrungen gemacht. Wichtig wäre noch, daß Sie, wenn möglich, die Tests immer am gleichen

Ort, auf dem gleichen Radergometer, mit dem gleichen Testverlauf (Stufendauer, Anfangsleistung, Leistung pro Stufe) machen. Nicht immer sind die Ergometer gut geeicht, und 270 Watt können auch schon mal 300 Watt sein oder umgekehrt.

Die Kosten

Die Preisunterschiede resultieren primär aus der Auswertung und der Interpretation.

Im schlimmsten Fall werden Ihnen nach dem Test einfach die Blätter ausgehändigt, und Sie sind mit der Deutung auf sich allein gestellt. Nimmt man sich jedoch die Zeit und erklärt Ihnen die Testergebnisse ausführlich, schlägt sich das natürlich im Preis nieder. Aber es lohnt gerade für den Anfänger, sich von einem Fachmann beraten zu lassen.

Außerdem geben wir Triathleten für Fahrrad und modisches Equipment wie Brille und Kleidung oft ein Vielfaches von dem aus, was die beiden Tests pro Jahr ausmachen.

Also eine Oakley weniger und dafür einen Test mehr.

Quick Facts

1. Faustformeln und Tabellen können zutreffen, müssen es aber nicht, daher lohnt sich eine individuelle Leistungsdiagnose auf jeden Fall.
2. Der Laktatstufentest ist ein guter Mittelweg zwischen Aufwand und Qualität der Erkenntnis.

Hier geht es um die Frage, wie intensiv ich trainieren (Trainingsintensitäten) muß und wie ich dies (Intensitätssteuerung) kontrollieren kann.

Aus Ihrem Test werden die Pulswerte für die einzelnen Trainingsbereiche abgeleitet. Es gibt in der Literatur und in den Fachzeitschriften die verschiedensten Einteilungen und Bezeichnungen. Ich möchte hier nur die wohl gebräuchlichste darstellen, da sie auch die verständlichste ist.

Regenerationsbereich(Reg) Mein Beispiel Puls < 108

Training in diesem Bereich wird zur gezielten Regneration eingesetzt. Traditionell findet diese Trainingsform nach Wettkämpfen und nach Krankheiten bzw. in Erholungsphasen zwischen intensiven Trainingseinheiten ihre Anwendung. Die Belastung ist in Wirklichkeit keine, die aktive Erholung steht im Vordergrund. Es wird weder das Herz-Kreislauf-System noch die Muskulatur gezielt angesprochen, da sich beides von vorangegangenen Strapazen erholen soll.

Die Strecken sind absolut flach zu wählen, und das Tempo ist *langsamer als langsam.*

In dieser Trainingsform spielt weder die zurückgelegte Strecke noch die Geschwindigkeit irgendeine Rolle. Auch die Belastungszeit ist so zu wählen, daß sie deutlich unter den sonstigen Umfängen der Trainingseinheiten liegt. Auf gut deutsch: Wir fahren spazieren und dazu noch langsamst!

Es ist für die meisten Sportler ein sehr schwieriges Training, da die Pulswerte so niedrig liegen, daß man sich immer wieder zügeln muß, um überhaupt unterhalb des angegebenen Pulslimits zu bleiben. Die Gefahr liegt dabei darin, daß man dann doch eher ein «verstecktes» Grundlagentraining absolviert.

Das Regenerationstraining ist die am meisten vernachlässigte Trainingsform, da die wenigsten Sportler die Lust und die Disziplin haben, so langsam unterwegs zu sein. Dabei bietet dieses Training hervorragend Gelegenheit, Familie, Frau, Freundin, Lebenspartner und Kinder mit einzubinden und am Vergnügen des Triathleten teilhaben zu lassen. Der zeitliche Aufwand für das Regenerationstraining sollte ca. 10 Prozent vom gesamten Zeitaufwand betragen.

Grundlagenausdauer (GA) Mein Beispiel Puls 108–128

Das Training im Grundlagenausdauerbereich ist für den Langdistanztriathleten, aber auch für den Gesundheits- und Fitnessportler die wichtigste Trainingsform überhaupt.

Hier wird das Herz-Kreislauf-System am effektivsten trainiert. Der Fettstoffwechsel wird optimal angesprochen, da vom Körper als Energiequelle primär die Fette herangezogen werden. Deswegen wird das GA-Training auch häufig als Training im «**Fettverbrennungsbereich**» bezeichnet. Durch den gezielten Ausbau der aeroben Fähigkeiten eines Sportlers lassen sich in bezug auf Langzeitausdauer die größten Leistungssteigerungen erzielen. Die Leistungen des Herzkreislaufes müssen je nach Veranlagung und Ist-Zustand (hier gibt die Leistungsdiagnose Aufschluß) über mehrere Jahre, wenigstens über zwei Jahre, aufgebaut werden. Dies ist die mühsamste Trainingsarbeit überhaupt, aber es lohnt sich gleich aus mehreren gesundheitlichen Aspekten. Die Trainingsform hat, sofern sie wirklich diszipliniert innerhalb der ermittelten Pulsgrenzen absolviert wird, äußerst positive Auswirkungen auf den Körper.

Exkurs Auswirkungen von Ausdauertraining auf den Körper

Alle folgend aufgeführten *positiven* Wirkungen stellen sich definitiv *nur*

Positive Auswirkungen leichten Grundlagentrainings

Herzkreislauf	Das ausdauertrainierte Herz weist ein verbessertes Schlagvolumen aus Die Sauerstoff- und Blutversorgung wird verbessert ökonomischere Arbeitsweise des Herzens im Ruhezustand reduziertes Herzinfarktrisiko
Atmung	Die Fähigkeiten der Atmungsorgane werden ökonomisiert: d. h. weniger Atemzüge für gleiche Sauerstoffversorgung
Muskulatur (aktiver Bewegungsapparat)	Die Sauerstoffaufnahme und die Sauerstoffverwertung in der Muskulatur wird verbessert Die Muskeln arbeiten ökonomischer
Knochen, Knorpel, Sehnen, Bänder	Das Training führt zu einer Verstärkung und höheren Belastbarkeit des passiven Bewegungsapparates
Psyche	Das Training führt zu Streßabbau und Entspannung
allgemeine Leistungsfähigkeit	wird deutlich besser

dann ein, wenn das Training auf der untersten Belastungsstufe (Grundlagenausdauer) absolviert wird.

Es stellen sich relativ stark gerade dann *negative* Auswirkungen (Erschöpfungszustände, Verletzungen etc.) ein, wenn die Intensität erhöht wird. Dies wird leider von den meisten Hobbysportlern sträflich unterschätzt, oder um es mit einem amerikanischen Leitspruch zu sagen: «It is intensity what kills you.»

Wenn Sie also die positiven Effekte des Grundlagenausdauertrainings nutzen und die negativen ausschließen wollen, dann empfehle ich Ihnen, Ihr Training äußerst diszipliniert innerhalb der ermittelten Pulsgrenzen zu absolvieren.

Dies führt natürlich zu Problemen: Gerade am Anfang ist Ihre Leistungsfähigkeit im GA-Bereich noch nicht sehr ausgeprägt, und die Geschwindigkeiten, die Sie laufend oder radelnd «drauf»haben, sind so niedrig, daß Sie das Gefühl haben, förmlich zu «stehen». Ihnen kommen ganz natürlich Zweifel, ob ein solches Training überhaupt effektiv sein kann und zu einer Leistungssteigerung führt. Seien Sie beruhigt, es ist und führt!

Man hat Ihnen zwar von klein auf versucht einzuprägen, daß man sich *anstrengen* muß, wenn man etwas erreichen will, und auch heute noch ist unser Schulsystem inklusive Schulsport so ausgelegt. Aber dies hat mit dem vernünftigen und gesunden Aufbau Ihres Grundlagenfundaments wenig zu tun.

Sie müssen sich die Grundlage wie das Fundament eines stabilen Hauses vorstellen, das Stein für Stein gesetzt werden muß:

Negative Auswirkungen zu intensiven Trainings

Herzkreislauf	Durch zu intensive Belastungen können Erschöpfung, Kollaps, Schock etc. auftreten Gerade bei Intensitätstraining steigt das Herzinfarktrisiko
Muskulatur (aktiver Bewegungsapparat)	Verletzungen (Risse, Zerrungen), aber auch Verkürzungen, Verhärtungen und Krämpfe werden durch hohe Trainingsintensität und mangelnde Regeneration verursacht
Knochen, Knorpel, Sehnen, Bänder	Ein Mangel an regenerativen Maßnahmen (Ruhetage, Dehnen, Massage etc.) führt oft zu langwierigen Problemen
Psyche	Falsch angesetztes Training stellt einen weiteren Streßfaktor im Alltag dar, es kommt zu Frust und Demotivation
allg. Leistung	stagniert oder wird schlechter

Ihre «Werkzeuge» zum Aufbau einer stabilen Grundlagenausdauer:

Je kräftiger das Fundament, um so stabiler steht das Haus. Mit einer gut ausgeprägten Grundlage können Sie fast alle sportlichen Anforderungen, auch Spiel-, Kampf- oder Mannschaftssportarten, bewältigen.

Ratschläge zum GA-Training

1. Machen Sie sich frei von jedem Leistungsgedanken, achten Sie nicht auf Fahrradtacho (ich selbst habe keinen Tacho an meinem Velo) oder Kilometer-Schnitt beim Laufen. Auch die zurückgelegte Strecke ist unwichtig. Es geht darum, daß Sie Ihren «Motor» über eine festgelegte Zeitdauer konstant in einem festen «Drehzahlbereich» auf Touren halten.
2. Die anzustrebende Geschwindigkeit bezeichne ich als «Oma- oder Opa-Tempo», schon des öfteren bin ich bei meinem Grundlagentraining von Hausfrauen auf Fahrrad mit Einkaufskörbchen in Ortschaften überholt worden.
3. Lassen Sie sich nicht von anderen, schneller fahrenden oder laufenden Sportlern verleiten, aus Ihrem Pulsbereich zu gehen. Sie wollen im Wettkampf schnell sein und nicht im Training.
4. Effektives GA-Training läßt sich am besten allein absolvieren, da man so seine «Drehzahl» genau steuern kann. Jedoch ist es bei Sportlern mit etwa gleicher Veranlagung durchaus möglich, zusammen zu trainieren. Auch ist es denkbar, daß beim Radfahren der stärkere Athlet

dem anderen Windschatten spendet.

5. Wenn Sie alles richtig gemacht haben, sollten Sie nach dem Training das Gefühl haben, es hätte Sie überhaupt nicht belastet und Sie könnten gleich noch mal die gleiche Distanz absolvieren. Fühlen Sie sich jedoch müde, schlapp und ausgelaugt, dann war die Intensität zu hoch.
6. Tasten Sie sich langsam an die höheren Trainingsumfänge heran und versuchen nicht gleich 6–8stündige Radausfahrten zu machen. Genaue Angaben zum Trainingsumfang finden Sie im nächsten Kapitel.
7. Daß GA-Training nur im flachen Gelände möglich ist, liegt in der Natur der Sache. Alpenpaßfahrten eignen sich zu diesem Zweck genausowenig wie eine Rundfahrt im Schwarzwald. Suchen Sie sich möglichst «topf-ebene» Strecken aus. Sollte dies nur schwer möglich sein, montieren Sie sich entsprechend große Ritzel an Ihr Hinterrad.
8. Es ist unter Umständen tödlich langweilig, «Stein für Stein» auf Ihr Fundament zu setzen. Nutzen Sie doch die Gelegenheit und genießen Natur, Land und Leute, oder Sie lassen Ihren Gedanken freien Lauf und überlegen sich neue Herausforderungen für Ihre anderen Lebensbereiche.
9. Verfallen Sie nicht wieder in Ihre alten Trainingsgewohnheiten (sofern vorhanden). Sehr oft versichern uns Sportler, daß sie genug und sehr diszipliniert Grundlage trainieren. Schließlich können sie sich problemlos mit dem Lauf- oder Radkollegen während des Trainings unterhalten. Leider befinden sich diese Sportler nicht im GA-Bereich, sondern haben bereits in den «2. oder 3. Gang» geschaltet und trainieren ein Mix aus Kraftausdauer und Entwicklungsbereich. Auf der Suche nach den Gründen, warum sich der gewünschte Erfolg nicht einstellt, finden wir in der Regel folgende Situationen:
   a) Der Sportler kennt seine individuellen Pulsbereiche nicht oder
   b) trainiert mit zu hohen Daten aus einem nach Lehrbuch umgerechneten Conconi-Test oder
   c) geht von der falschen Annahme aus, daß Training unterhalb der anaeroben Schwelle gleichzusetzen ist mit GA-Training bzw. Fettverbrennungstraining. Und das ist eben nicht der Fall. Der Übergang von aerob zu anaerob liegt pulsmäßig viel höher als der Übergang von primär Fettstoffwechsel zu primär Kohlenhydratstoffwechsel. Die Energieversorgung und die Sauerstoffversorgung sind eben zwei paar Schuhe (siehe Abbildungen auf Seite 70):
10. Versuchen Sie möglichst den mittleren Bereich anzustreben (in meinem Beispiel GA-Bereich 108–128 wäre dies um ca. 115–120 Pulsschläge pro Minute).
   Eine Trainingseinheit, bei der

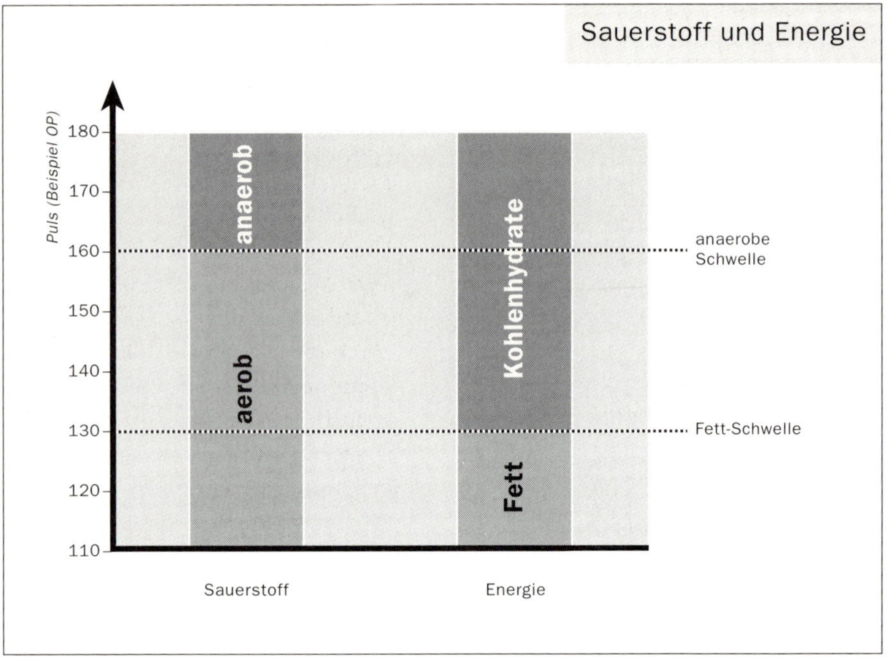

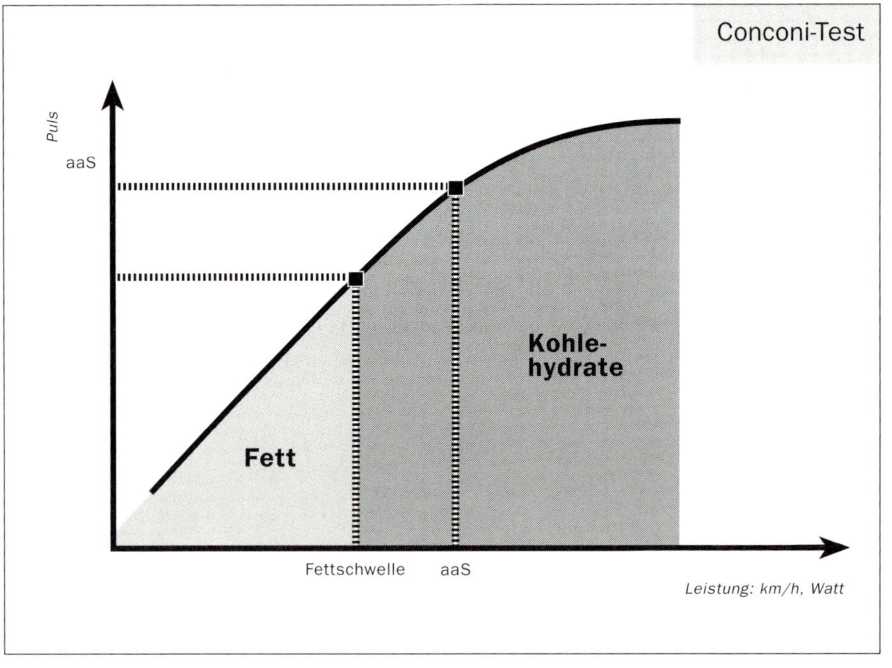

Fettschwelle und anaerobe Schwelle dargestellt am Beispiel als Conconi-Tests.

permanent an der oberen Grenze (und vielleicht teils auch knapp darüber, hier bei Puls 128) trainiert wird, ist unter Umständen bereits ein verstecktes Kraftausdauertraining. Machen Sie sich bei all den Betrachtungen von Pulsgrenzen, Bereichen und Schwellen frei von exakten Werten, wie wir es aus der linearen Algebra gewohnt sind. Unser Körper funktioniert nicht so, und die Werte müssen eher als Übergangsbereiche betrachtet werden.

11. Der Anteil des GA-Trainings von der gesamten investierten Zeit sollte im Jahresdurchschnitt etwa 70 Prozent betragen. Es geht ja als «Erst-Finisher» primär mal darum, die Distanzen eines Ironman überhaupt zu bewältigen – und das möglichst gesund und ohne körperliche Probleme.
Die Dauer der Trainingseinheiten liegt zwischen 2 und 6, auch mal 8 Stunden (für Fahrrad) pro Woche. Die folgenden zwei Trainingsprogramme stellen nochmals die wichtigsten Details des GA-Trainings beim Laufen und Radfahren dar:

Trainingsprogramm Fahrrad

Grundlagenausdauertraining

Bezeichnung:	RGA	
Anwendung:	Basistraining	
	Ziel: Ökonomisierung der Herz-Kreislauf-Fähigkeit bei gleichzeitiger Leistungssteigerung	
Intensität:	Gemäß Test = ________________ Pulsschläge / min.	
Gelände:	**Flach, flach und nochmals flach**	
Art:	Dauerleistung	
Programm:	**1. Teil (Hauptteil)**	**Trittfrequenz wie gewohnt (locker)**
	Zeit gemäß Vorgabe	
	aufsteigen	
	treten	
	genießen	
	2. Teil	
	10 Minuten Minimal-Stretch zur Muskelpflege	
Betonung:	Die Lockerheit	
	Oma- / Opa-Tempo	
	lang und tödlich langweilig	
	aber …	

Trainingsprogramm Laufen

Grundlagenausdauertraining	
Bezeichnung:	LGA
Anwendung:	Basistraining Ziel: Ökonomisierung der Herz-Kreislauf-Fähigkeit bei gleichzeitiger Leistungssteigerung Anpassung an lange Distanzen
Intensität:	Gemäß Test = ________________ Pulsschläge / min.
Gelände:	**Flach, flach und nochmals flach**
Art:	Dauerleistung
Programm:	**1. Teil (Hauptteil)** (Laufstil sehr locker) Zeit gemäß Vorgabe Landschaft genießen **2. Teil** 10 Minuten Minimal-Stretch zur Muskelpflege
Betonung:	Die Lockerheit Oma- / Opa-Tempo lang und tödlich langweilig aber …

Kraftausdauer (KA) Mein Beispiel Puls 128–150

Beim Kraftausdauertraining zielen wir nicht primär auf das Herz-Kreislauf-System und dessen Fähigkeiten ab, sondern auf die Arbeitsmuskulatur. Die Einheiten sind kürzer, aber dafür intensiver. Hier sollte man nach dem Training schon das Gefühl einer mäßigen muskulären Anstrengung verspüren. Damit die Muskulatur gezielt angesprochen werden kann, empfiehlt sich hügeliges bis bergiges Gelände. Nach einer Aufwärmphase im GA-Bereich folgt der Intensitätsteil mit wechselnder Belastung an den Anstiegen. Bis zum jeweiligen Kulminationspunkt eines Anstiegs wird der Puls bis zur Obergrenze des ermittelten Kraftausdauerbereichs gebracht. Die Betonung liegt nicht auf der Geschwindigkeit, sondern in der Anstrengung der Muskulatur. Um dies gezielt zu forcieren, sollte beim Laufen der Abdruck des Fußes bewußt kräftig durchgeführt werden. Beim Radfahren wird ein Gang größer gefahren als normal (z. B. ein bestimmter Anstieg wird im normalen Training mit einer Übersetzung von 39 / 21 gefahren, so sollte beim KA-Training etwa 39 / 19 gewählt werden). Unter dem Begriff Übersetzung versteht man das Verhältnis des Kettenblattes (vorderer Zahnkranz) zu dem gewählten Ritzel (hinterer Zahnkranz). Die angegebenen Zahlen entsprechen der Anzahl Zähne. So bedeutet 39/21 z. B. 39 Zähne hat das Kettenblatt und 21 Zähne das gerade gewählte Ritzel. Je größer die erste Zahl und/oder je kleiner die hintere Zahl, um so größer wird das «Übersetzungsverhältnis», d. h., es wird mehr Weg pro Kurbelumdrehung zurückgelegt. Man muß natürlich mehr Kraft aufwenden, d. h., es tritt sich schwerer. Beim KA-Training soll nun absichtlich ein etwas schwererer Gang gewählt werden, um die Muskulatur effektiv anzusprechen. Die Bergab-Partien werden zur kurzfristigen Erholung genutzt. Der Puls kann dann wieder in den GA-Bereich zurückgehen, teils sogar noch darunter. Nach dem Hauptteil folgt eine «Cool-down»-Phase im GA-Bereich, gefolgt von einem Stretching-Programm (siehe auch Stretching-Charts, Kapitel «Regeneration»).

Der Anteil des KA-Trainings am gesamten Trainingsaufwand beträgt etwa 15 Prozent. Die Dauer für den

Trainingsprogramm Fahrrad

Kraftausdauertraining im Gelände

Bezeichnung:	RKA	
Anwendung:	Stärkung der spezifischen Muskulatur	
Intensität:	Gemäß Test = ________________ Pulsschläge/min.	
Gelände:	Coupiert, wechselnde kurze Anstiege bis max. 10 Prozent	
Art:	Dauerleistung mit Intensitätswechsel	
Programm:	**1. Teil**	
	10 Minuten Aufwärmen (RGA), flach	Trittfrequenz 90–100
	2. Teil (Hauptteil)	
	1–3 Stunden gemäß Zeitvorgabe	Trittfrequenz 50–70
	an den Bergkuppen letzte 2 Minuten bis an die obere Grenze KA bergab Tritt aufnehmen	
	3. Teil	
	15 Minuten Ausfahren (RGA), flach	Trittfrequenz 100
	4. Teil	
	10 Minuten Minimal-Stretch zur Muskelpflege	
Betonung:	Kräftiger Tritt am Berg, Erholung bergab	

Trainingsprogramm Laufen

Kraftausdauertraining im Gelände

Bezeichnung:	Lka	
Anwendung:	Stärkung der spezifischen Muskulatur	
Intensität:	Gemäß Test = ________________	Pulsschläge/min.
Gelände:	Coupiert, wechselnde kurze Anstiege Steigung so, daß Rennen noch möglich ist	
Art:	Dauerleistung mit Intensitätswechsel	
Programm:	**1. Teil**	
	20 Minuten Aufwärmen (LGA), flach	betont locker
	2. Teil (Hauptteil)	
	0.30–2 Stunden gemäß Zeitvorgabe	betont kräftiger Schritt
	an den Bergkuppen letzte 2 Minuten bis an die obere Grenze KA bergab locker	
	3. Teil	
	15 Minuten Auslaufen (LGA), flach	regenerierend
	4. Teil	
	10 Minuten Minimal-Stretch zur Muskelpflege	
Betonung:	Kräftiger Schritt am Berg, Erholung bergab	

Intensitätsteil pro Einheit liegt zwischen 45 Minuten und 2 Stunden (für Fahrrad). Die folgenden zwei Trainingsprogramme stellen nochmals die wichtigsten Details des KA-Trainings beim Laufen und Radfahren (Seite 73) dar.

Entwicklungsbereich (EB) Mein Beispiel Puls 150–163

Das Training im Entwicklungsbereich dient primär der «Entwicklung» der Geschwindigkeit und dem Stehvermögen. Bei dieser Trainingsform geht es effektiv um «Leistung». Hier heißt es sich anzustrengen, um das Leistungsvermögen zu steigern. Die Dauer pro Trainingseinheit ist sehr kurz, das Training wird in der Regel in Intervallen durchgeführt. Nach einer ausgiebigen Aufwärmphase (mindestens 20 Minuten) folgt im Intensitätsteil ein Intervalltraining. Die Geschwindigkeit wird gesteigert, bis der Puls knapp unterhalb der anaeroben Schwelle (aaS) angelangt ist. Diese Intensität wird für die Dauer des Intervalls (ca.

3–6 Minuten) beibehalten. Es kann nach einiger Übung bewußt auch der Pulsbereich knapp über der aaS hinzugenommen werden. Es ergibt sich so ein Auf und Ab um den Schwellenbereich. Nach dem Intervall erfolgt eine Erholungsphase von ca. 4 Minuten, beim Lauftraining wird diese *gehend* zurückgelegt, beim Radfahren wird sehr locker pedaliert. Danach folgt das nächste Intervall usw., bis die gewünschte Anzahl erreicht ist. Zum «Cool-down» folgt anschließend Ausfahren bzw. Auslaufen im GA-Bereich.

Das Gelände sollte flach gewählt werden, zum Lauftraining eignet sich die 400-Meter-Bahn am besten.

Der Anteil des EB-Trainings am gesamten Trainingsaufwand beträgt etwa 5 Prozent. Die folgenden zwei Trainingsprogramme stellen nochmals die wichtigsten Details des EB-Trainings beim Laufen und Radfahren dar:

Trainingsprogramm Rad

EB-Training flach		
Bezeichnung:	FEB	
Anwendung:	Steigerung der Endgeschwindigkeit	
Intensität:	Gemäß Test = ________________ Pulsschläge/min.	
Gelände:	Eine lange, flache Strecke (ohne Störmöglichkeiten z. B. Ampeln etc.)	
Art:	Intervalltraining	
Programm:	**1. Teil**	
	20–50 Minuten Aufwärmen (RGA), flach	Trittfrequenz 90–100
	2. Teil (Hauptteil)	
	3–6mal 8–10 Minuten	Trittfrequenz wie im WK
	dazwischen rollen lassen (~4 min.)	locker pedalieren
	3. Teil	
	20 Minuten Ausfahren (RGA), flach	Trittfrequenz 100
	4. Teil	
	10 Minuten Minimal-Stretch	
Betonung:	Geschwindigkeit, großes Kettenblatt!!	

Trainingsprogramm Laufen

EB-Training flach

Bezeichnung:	LEB
Anwendung:	Steigerung der Endgeschwindigkeit
Intensität:	Gemäß Test = ________________ Pulsschläge / min.
Gelände:	Eine lange flache Strecke (ohne Störmöglichkeiten z. B. Wurzeln, Autos etc.) evt. auch auf der Bahn
Art:	Intervalltraining
Programm:	**1. Teil** 20 Minuten Aufwärmen (LGA), flach **2. Teil (Hauptteil)** 3–10mal 3–6 Minuten dazwischen *gehen*, ca. 4 Minuten Wiederholungszahl langsam steigern!! **3. Teil** 20 Minuten Auslaufen (L1), flach regenerativ **4. Teil** 10 Minuten Minimal-Stretch zur Muskelpflege
Betonung:	Geschwindigkeit!!!

Variante:
Zum Techniktraining kann auch noch das **Lauf-Abc** (siehe Kapitel «Laufen», S. 154 f.) vor den Intervallen absolviert werden.

Verteilung der Zeit auf die Trainingsbereiche

Die Aufteilung der zur Verfügung stehenden Zeit ist wiederum eine recht individuelle Angelegenheit, da auch hier wieder die genetische Veranlagung, die sportliche Historie etc. eine Rolle spielen. Sie beurteilen und entscheiden dies am besten mit dem Leistungsdiagnostiker zusammen, um Ihre individuelle Ausgangslage zu berücksichtigen.

Ich empfehle für den Langdistanztriathleten folgende Verteilung im Jahresdurchschnitt (auf die Berücksichtigung der Saisonalisierung wird im nächsten Kapitel eingegangen):

Zeit in den Trainingsbereichen

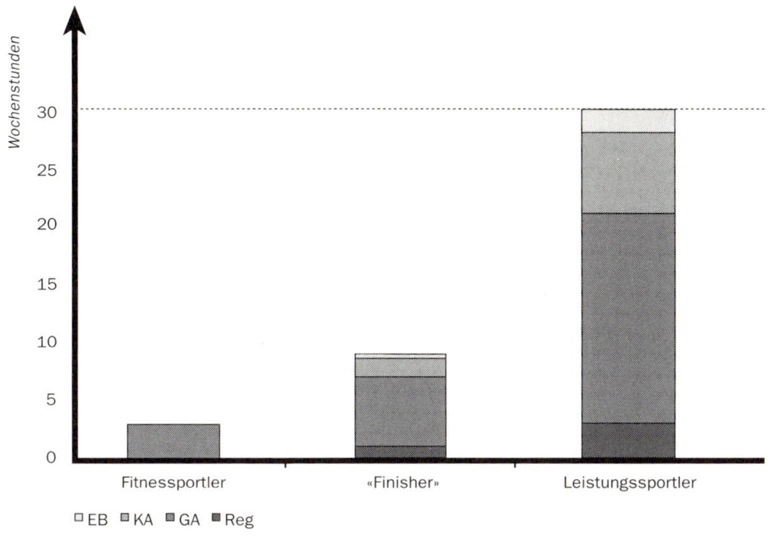

Zusammenfassend sind die behandelten Trainingsbereiche mit ihren Eigenschaften als Pyramide dargestellt:

Pyramide der Trainingsbereiche

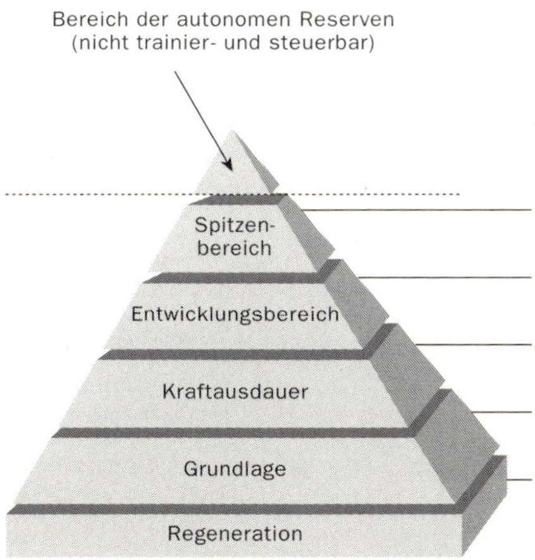

Bezeichnung	Anteil am ø-Zeitaufwand	Laktatwert in mmol/L	primäre Energiequelle	Stoffwechsel
SB	(1–2%)	>6	Kohlenhydrate	anaerob
EB	5%	3–6	Kohlenhydrate	aerob
KA	15%	2–3	Kohlenhydrate	aerob
GA	70%	1–2	Fette	aerob
Reg	10%	bis 1	Fette	aerob

Auswirkung mangelnder Grundlage

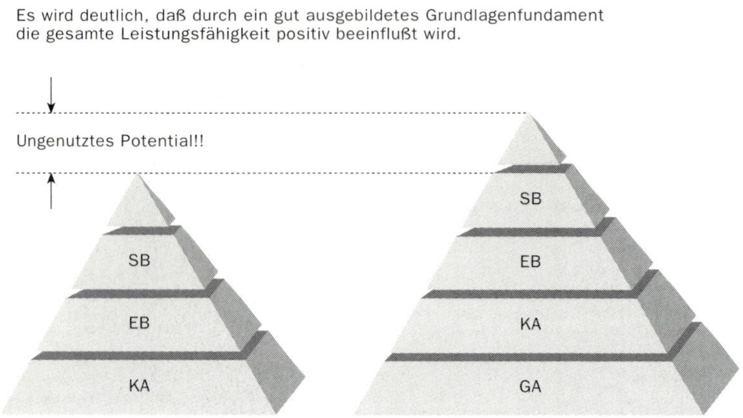

Steuerung der Intensität

Hier gibt es keine Diskussion: Ohne Pulsmesser geht's nicht!!! Wie schon am Anfang des Kapitels erwähnt, es gibt Befürworter und Kritiker, aber ein gezieltes Training, bei dem aus der investierten Zeit ein Optimum an Effektivität herausgeholt werden soll, ist nur mit diesem technischen Hilfsmittel möglich. Lassen Sie sich nicht verwirren von Sportlern, die auch ohne den Einsatz von Pulsmesser schneller sind als Sie. Denn es geht um die Entfaltung Ihres Leistungsoptimums, und Sie können sicher sein, daß der Sportler, der nach Lust und Laune trainiert, höchstens per Zufall seine volle Leistung entfalten wird.

Also: In Training und Wettkampf – immer mit Pulsmesser!!

Alle von uns betreuten Sportler trainieren immer mit Pulsmesser, wie sonst können sie ihr Training in die verschiedenen Bereiche differenzieren. Gerade über die Differenzierung des Trainings holt der Sportler einen großen Leistungszuwachs, wer aber aus all dem o. g. einen «Mix / Brei» macht, wird kaum Steigerungen erfahren.

Merke: Trainingseinheiten und Intensitäten niemals mischen. Entweder man zielt mit einem Training auf die Grundlage *oder* die Kraftausdauer ab, aber nicht auf beides.

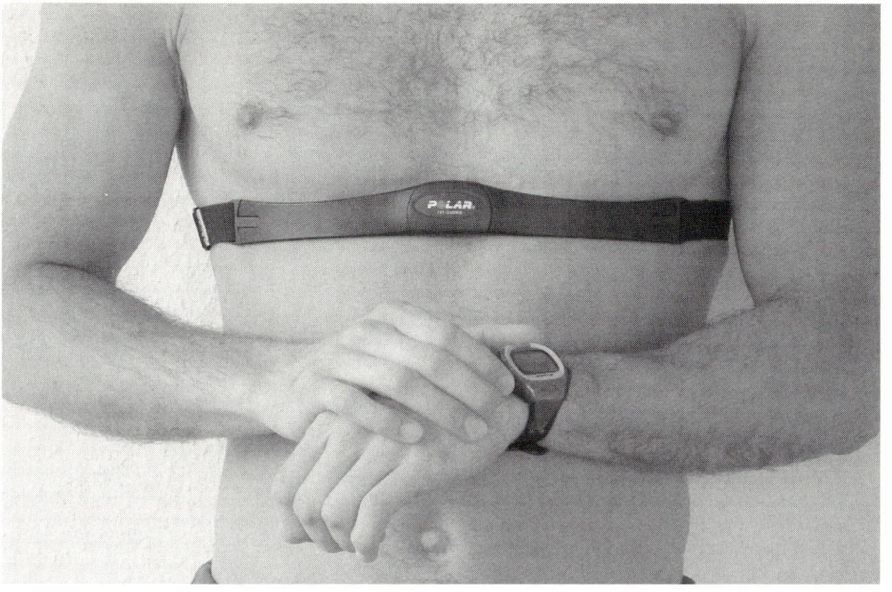

Brustgurt (Sender) und Pulsmesser von Cardiosport

Es gibt eine Vielzahl von Pulsmeßgeräten. Die Funktionsweise ist immer die gleiche: Ein Brustgurt tastet die Pulsfrequenz am Herzen ab und überträgt sie mittels Sender drahtlos an den Empfänger, der in der Armbanduhr untergebracht ist. Die jeweils aktuelle Herzfrequenz wird im Display der Uhr angezeigt.

Das drahtlose Übertragungsprinzip ist zum Teil störanfällig und führt zu Fehl- oder Falschmeldungen bei Hochspannungsleitungen, Bahnschienen, in der Gruppe, wenn mehrere, eng zusammenlaufende Sportler mit Pulsmesser arbeiten.

Es werden auch Modelle angeboten, bei denen die ermittelten Werte im Verlauf einer Trainingseinheit gespeichert werden. Die Daten können dann per Interface in einen PC geladen werden und dann als Grafik ausgedruckt bzw. weiter ausgewertet werden.

Es ist interessant, seine Pulskurve anzuschauen, jedoch nicht notwendig, sich eingehend damit zu beschäftigen, um ein Finisher zu werden. Die Zeit am Computer ist besser im GA-Training angelegt.

Es existieren Pulsmesser, die nach dem Training einen errechneten Durchschnittspuls anzeigen. Sollten Sie ein solches Modell anwenden, orientieren Sie sich bitte nicht an diesem Wert, da Sie sonst zu intensiv trainieren. Die Pulsgrenzen für den jeweiligen Trainingsbereich beziehen sich auf die momentanen Werte. Der Durchschnittswert ist irreführend – da Sie ihn auch erzielen können, ohne je in dem angepeilten Trainingsbereich gewesen zu sein.

Quick Facts:

1. Ein Schlüssel zum Erfolg ist die Erarbeitung einer stabilen Grundlagenausdauer.
2. Die gezielte Trainingsdifferenzierung führt zur weiteren Leistungssteigerung.
3. Ohne Pulsmesser ist eine optimale Trainingssteuerung unmöglich.

Trainingsplanung

Nachdem wir die Trainingsintensitäten definiert haben, stellt sich die Frage: «Was, wann und wie lange trainieren?»

Erwarten Sie jetzt bitte kein allgemeingültiges Rezept zur Trainingsplanung in Form eines fertigen Planes, den Sie nur noch zu kopieren brauchen. Dies würde wiederum die Individualität eines jeden Sportlers unberücksichtigt lassen. Vielmehr möchte ich Sie vertraut machen mit gewissen Grundregeln der Trainingsplanung, die Sie dann später in Ihrem persönlichen Plan umsetzen können.

Saisonalisierung

Als erstes gilt es, die **langfristige Planung** aufzustellen.

Sie berücksichtigt:

- Jahreszeiten
- Wettkampftermine
- Trainingslager
- Termine für Leistungsdiagnosen
- Urlaube und Geschäftsreisen
- etc.

Im folgenden Beispiel einer Langfrist-Planung lagen folgende Sachverhalte vor:

Es handelt sich um einen Triathlon-Anfänger (Alter 32 J., voll berufstätig, verheiratet, 1 Kind), der zum Ziel hat, den Ironman Europe zu finishen. In den letzten 3 Jahren betätigte sich unser Kandidat als Jogger und Biker. Meistens hat er zweimal in der Woche die «Hausstrecke» von 10 km gejoggt und jedes zweite Wochenende ca. 2 Stunden im Wald gebiked. Auch einen Halbmarathon ist er bereits gelaufen. Im Winter ist er regelmäßig in ein Fitness-Center gegangen.

Am wenigsten Probleme sieht er beim Laufen, auch das Radfahren traut er sich zu. Das Schwimmen wird als größeres Problem gesehen (bis jetzt nur Brustschwimmen).

Die Leistungsdiagnose ergab eine durchschnittliche Grundlage und gut ausgeprägte Fähigkeiten im Kraftausdauerbereich. Als realistischer Zeitraum wurden 2 Jahre zur Zielerreichung gesehen.

Die zwei Jahre wurden aufgeteilt in ein Anfänger- bzw. Vorbereitungsjahr und in ein «Ironman-Jahr».

Das Vorbereitungsjahr

Ende Januar wird die erste Leistungsdiagnose (LD) erstellt. Das Training beginnt im Februar / März mit mäßigen Umfängen und wird ausschließlich im Grundlagenbereich absolviert. Ende Juni, nachdem bereits 5 Monate Training geleistet wurden, erfolgt eine zweite Leistungsdiagnose. Dies ist notwendig, weil mit der Anpassung des Herz-Kreislauf-Systems an das effektive Grundlagentraining eine Veränderung der Pulswerte erfolgt. In der Regel sinken die Herzfrequenzen im ersten Jahr recht stark, später ist die Veränderung im Grundlagenbereich eher minimal. Zur Eingewöhnung werden zwei Wettkämpfe (WK) bestritten. Der erste ca. Mitte bis Ende Juli über die Kurzdistanz und der zweite Mitte bis Ende September, wenn möglich über die (leider selten angebotene) Mitteldistanz (2-90-21). Im November erfolgt traditionell ein Ruhemonat (siehe Kapitel «Regeneration»), im Dezember wird wieder mit leichtem Training begonnen.

Die Trainingsbelastung im Vorbereitungsjahr liegt bei ca. 5 ½ Stunden pro Woche im Jahresschnitt. Natürlich ist dies ein rechnerischer Durchschnittswert. Es gibt Wochen mit weitaus weniger Training (Ruhemonat / Regenerationswochen) und Wochen mit mehr Training (Sommermonate, d. h. Umfänge auf dem Rad absolvieren). Bitte sehen Sie die gemachten Angaben als *ein mögliches Beispiel* an, das auf die oben geschilderte Person zurechtgeschnitten ist. Aufgrund Ihrer individuellen Rahmenbedingungen und Daten können die Belastungen im Vorbereitungsjahr auch höher liegen.

Das «Ironman-Jahr»

Nun werden die Umfänge gesteigert, die Monate Januar, Februar, März sowie April, Mai und Juni stellen jeweils einen 3-Monats-Block dar, mit aufsteigenden Umfängen. Die Gesamtbelastung liegt jetzt bei 7,6 Wochenstunden im Jahresschnitt.

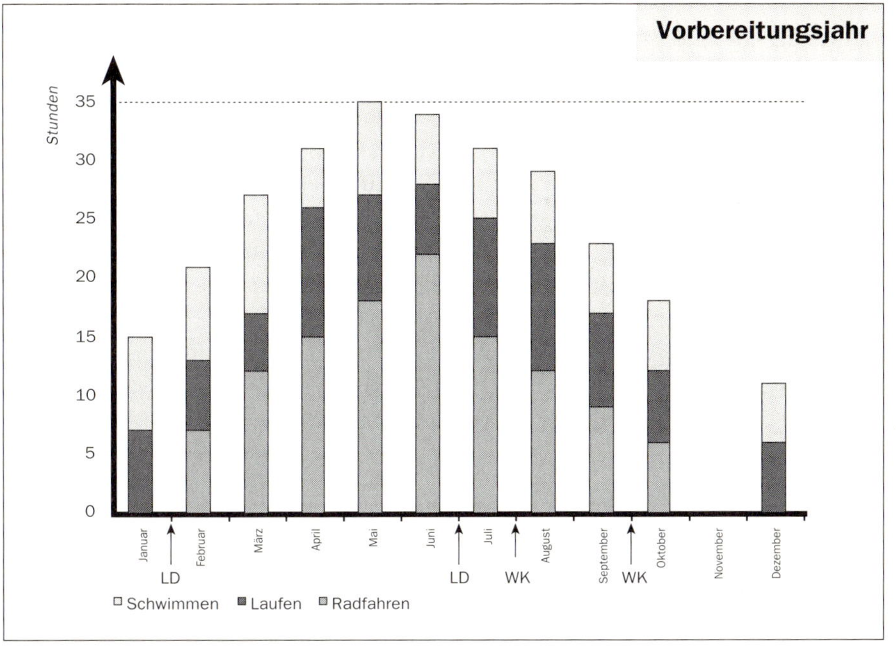

Zur gezielten Erarbeitung der wichtigen Grundlage wird ein zweiwöchiges Trainingslager im März absolviert.

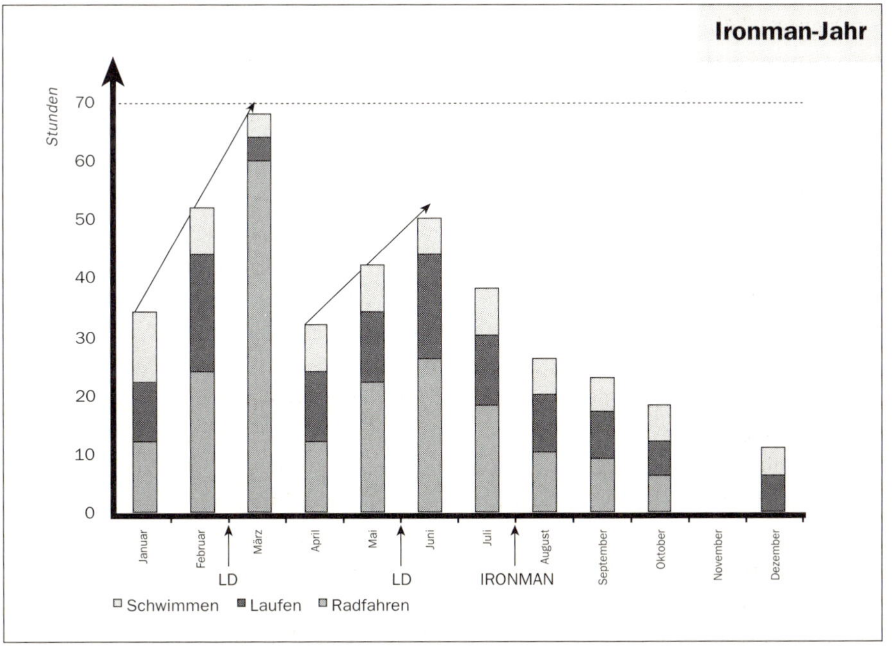

Es erfolgt ein Laktatstufentest unmittelbar vor dem zweiwöchigen Trainingslager, um die Pulswerte für den Hauptblock des Grundlagentrainings exakt zu ermitteln. Ein weiterer Test wird Ende Mai absolviert, um die Pulswerte für den Zielwettkampf zu erhalten. Der «**Ironman**» Europe findet traditionell Anfang Juli statt.

Januar bis März werden die Umfänge gesteigert, es läßt sich ein deutlicher Rad-Schwerpunkt im März, geprägt durch das Trainingslager, erkennen. Danach wird im April der Trainingsumfang um ca. 40 Prozent reduziert (Verarbeitung des Trainingslagers) und dann wieder bis Ende Juni zur Höchstform aufgebaut (dargestellt durch die Pfeile).

Somit sind die Trainingsumfänge für das Vorbereitungsjahr und für das Ironman-Jahr definiert und alle wichtigen Eckdaten berücksichtigt – die langfristige Planung steht.

Exkurs Trainingslager

Hier wird gebündelt viel Zeit und Geld investiert. Damit Sie das Optimum aus dieser Investition mit nach Hause nehmen können, lohnt es sich, einige Worte über einen solchen «Trainingsurlaub» zu verlieren.

Sinn und Zweck

Auch hier noch mal die wichtigste Aussage: Ein Trainingslager (TL) im Frühjahr (März/April) dient dem Hobbysportler/Finisher zum Aufbau der **Grundlagenausdauer** – und nur dem. Hier werden die meisten Fehler gemacht, und durch Gruppenzwang und falschen Ehrgeiz wird bereits im Frühjahr über die eigenen Verhältnisse «gebolzt», was das Zeug hält. Das ist auch nicht verwunderlich, denn im Trainingslager habe ich die Möglichkeit zum Wettkampf ohne Risiko, ich kann schauen, was die anderen in der Gruppe so draufhaben, und wenn ich nicht der Schnellste bin, macht es ja nichts, denn es ist ja doch kein Wettkampf. Meistens läuft das Ganze ungefähr so ab:

Man reist mit dem Flieger nach Mallorca, und bereits am Flughafen wird über den besten Radkoffer gefachsimpelt. Nach Landung, Transfer und Zimmerbezug wird das geliebte Rad'l ausgepackt, und man schaut mal, was die anderen so an Material haben. Falsche Weisheit: Je teurer das Rad, desto schneller der Triathlet. Es versteht sich von selbst, daß man nur mit seinem besten Material anreist, und Scheibenräder sowie Tri-Spokes gehören mittlerweile auch im Trainingslager zum Standard, obwohl diese eigentlich nur im Wettkampf benutzt werden sollten.

Beim Abendessen, wo zum erstenmal alle zusammentreffen, werden die bisher verdienten Lorbeeren in Form von Finisher-T-Shirts zur Schau gestellt. Es wird die «Rangliste» am Tisch aufgestellt, und jeder versucht herauszufinden «... ist er schneller oder langsamer als ich?»:

A: Warst du schon in Hawaii?
B: Nein, aber in Roth, letztes Jahr.
A: Aha – welche Zeit?
B: 10:23, aber ich hatte 2 Platten und

einen Infekt, sonst hätte ich die Quali locker gemacht. Und du?

A: Ich war in Lanzarote und Kanada, na ja, es ist nicht so gut gelaufen, ich könnt viel besser sein, wenn ...

Dabei fällt auf, daß viele Athleten offensichtlich nie zufrieden sind mit ihren Wettkämpfen und von einem nie zu erreichenden Ideal-Wettkampf träumen, bei dem alles optimal läuft.

Ein Anfänger und Trainingslager-Erstling braucht eine gehörige Portion Selbstbewußtsein, um als Zuhörer bei diesen Tischgesprächen nicht bereits Zweifel an der eigenen Leistungsfähigkeit zu bekommen.

Am nächsten Morgen werden beim Frühstück nochmals Unmengen an Food verdrückt, und ohne nennenswerten Verdauungsvorgang geht's dann aufs Rad. Gefahren wird in Gruppen, die ggf. nach verschiedenen Leistungsleveln zusammengestellt werden (Strecke und Durchschnitts-Geschwindigkeit). Da man nicht gern zugeben möchte, zu den Anfängern zu gehören, oder gar mit dem vom Veranstalter engagierten Star und Zugpferd mitfahren möchte, wird keine Grundlage aufgebaut, sondern bereits in den ersten Tagen völlig über die Verhältnisse gefahren, auf gut deutsch: Es wird gebolzt, was das Zeug hält. Da auch in der Regel zu wenige Regenerationstage eingebaut werden, ist es nur eine Frage der Zeit, bis man als «Trainingsleiche» zu identifizieren ist. Meist folgen zu Hause dann noch einige Wochen Infektanfälligkeit, teils ausgeprägte Grippe etc.

Lassen Sie sich nicht verleiten, rufen Sie sich Ihr persönliches Ziel in Erinnerung. Lassen Sie sich nicht blenden von Sprüchen, Erzählungen, tollen Rennmaschinen und dicken Waden. Fahren Sie nicht über Ihre Verhältnisse – Sie wollen im Wettkampf schnell sein und nicht im Training. Hier einige Empfehlungen, wie Sie das Optimum aus einem Trainingslager herausholen können:

Location

Da das gesamte Training in der GA-Intensität absolviert wird, muß das Terrain *flach* sein! Somit können Sie die Kanaren schon mal vergessen, zuviel Wind, zu schwierig und zu bergig. Empfehlen kann man Europa: Mallorca (im Süden oder Osten), Toskana und Emiglia Romana (aber jeweils nur an der Küste), Sardinien, Sizilien. Außerhalb Europas haben sich Südafrika, Kalifornien und Colorado etabliert.

Dauer

Auch hierzu habe ich eine ziemlich kompromißlose Einstellung: 2 Wochen müssen es sein. Immer wieder fragen mich Athleten, ob nicht auch eine Woche lange, wenn jeweils das davor und danach liegende Wochenende miteinbezogen wird. Die Gründe liegen auf der Hand: Der Terminkalender ist dicht gedrängt, und das Trainingslager steht in Konflikt mit beruflichen und familiären Gegebenheiten. Meist kann ich dann bei dieser Person einen stark «gehetzten», oft selbst aufgebauten Termindruck feststellen. Obwohl das Trainingslager erst für nächstes Jahr geplant ist, kommt der Sportler schon beim bloßen Gedanken daran ins Schwitzen und wird unruhig. Hier muß man nochmals «über die Bücher» und eine Situation erzeugen, in der der Athlet ohne schlechtes Gewissen, Hektik und Druck ins Trainingslager fahren kann, denn er sollte auch gedanklich bei der Sache sein. Die Dauer von zwei Wochen hat den Vorteil, daß man sich richtig «einleben» kann und auch die wichtige Regeneration nicht zu kurz kommt.

Gruppentraining vs. Individualtraining

Dies ist ein heikles Thema, da unser Drang nach Zugehörigkeit und Geborgenheit eher für das Training in der Gruppe sprechen. Nimmt man die Trainingssteuerung nach Leistungsdiagnose und mit dem Pulsmesser ernst und möchte das Optimum aus der investierten Zeit herausholen, muß man zwangsläufig das Training allein in Angriff nehmen.

Beispiel: In einem 14tägigen Trainingslager auf Mallorca 1995 bin ich fast alle Trainingseinheiten allein gefahren, mein damaliger GA-Pulsbereich lag bei 115–135.

Unten sehen Sie die Aufzeichnung eines 6stündigen RGA-Trainings, bei dem ich fast zu 100 Prozent im angestrebten Bereich fahren konnte.

Die anderen Triathleten im Hotel fragten mich, warum ich immer allein trainiere, und sagten mir, ich solle doch mal mit der Gruppe fahren, es würde äußerst ruhig und langsam trainiert. Hier die Aufzeichnung vom gemeinsamen Training am nächsten Tag. Es ist sehr schön zu sehen, daß es mir nicht möglich war, in meinem GA-Bereich zu fahren. Entweder fuhr ich vorne, und der Puls war zu hoch, oder ich fuhr in der Gruppe, und der

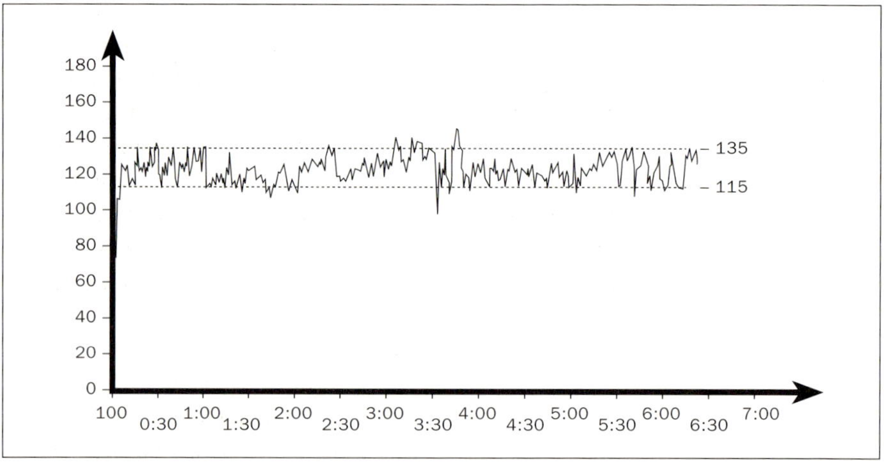

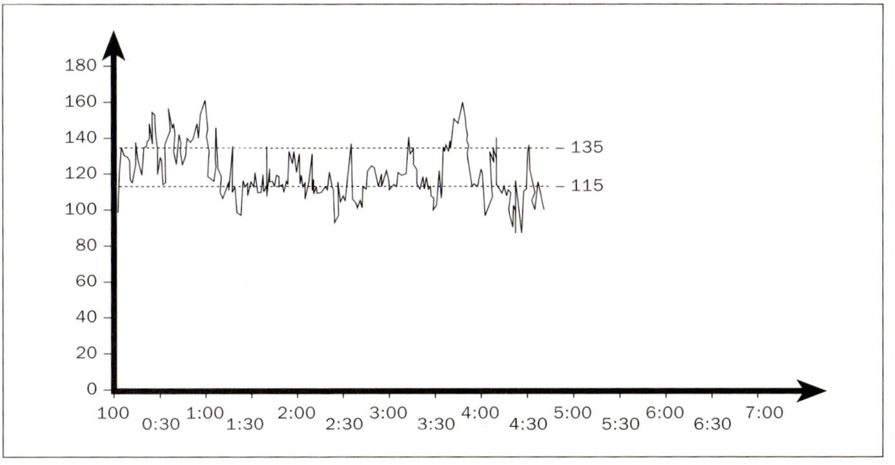

Puls war zu niedrig. Am Ende des Trainings erfolgte dann noch der obligatorische Schlußsprint über den «Hausberg» kurz vor dem Hotel, um zu sehen, wer noch am meisten draufhat. Ein solches Training ist zu diesem Zeitpunkt im Jahr eher kontraproduktiv und unbedingt zu vermeiden.

Natürlich hat das Training in der Gruppe sehr viele positive Effekte, und für manche von uns ist die Gruppe die Motivation und Triebfeder, um weiterzufahren und das Training im geplanten Umfang zu Ende zu bringen. Sie müssen also einen für Sie geeigneten Mittelweg finden zwischen Motivation in der Gruppe und zielgerichtetem Training nach Leistungsdiagnose und mit Pulsmesser. Vielleicht haben Sie ja das Glück und können einige Gleichgesinnte um sich scharen, die sich dazu noch auf ähnlichem Leistungsniveau bewegen wie Sie selbst.

Ruhetage
Ich rate Ihnen zu einem 3:1-Rhythmus, d. h. drei Tage Training mit aufsteigenden Umfängen und dann ein Ruhetag.

Disziplinen
Die wichtigste Disziplin im Triathlon ist das Radfahren (siehe auch Kapitel «Radfahren», S. 142 ff.). Sie fahren / fliegen ja schließlich wegen der klimatischen Bedingungen in den Süden. Laufen und Schwimmen können Sie zu Hause ausgiebig. Das heißt, im Mittelpunkt des Trainings im Trainingslager steht das Radfahren. In der zweiten Woche können Sie dann noch einige Einheiten mit Wechsel Rad / Lauf absolvieren. Verzichten Sie auf das Schwimmen, Sie verlieren nichts.

Trainingsplan
Hier ein Vorschlag, wie Sie die 14 Tage gestalten können. Es sollte vor und nach dem Trainingslager jeweils eine

Ruhewoche liegen, damit Sie ausgeruht hineingehen und sich hinterher auch erholen können.

Trainingsplan für 14tägiges Trainingslager

Sonntag	**Reisetag**
Montag	**RGA 3h**
Dienstag	**RGA 4h**
Mittwoche	**RGA 5h**
Donnerstag	**Ruhetag**
Freitag	**RGA 4h**
Samstag	**RGA 5h + LGA 20 Min.**
Sonntag	**RGA 6h**
Montag	**Ruhetag**
Dienstag	**RGA 5h**
Mittwoch	**RGA 6h + LGA 30 Min.**
Donnerstag	**RGA 7h**
Freitag	**Ruhetag**
Samstag	**RGA 8h**
Sonntag	**Reisetag**

Ruhetag bedeutet wirklich «ruhen». Genießen Sie die Sonne (wenn sie sich zeigt), fahren Sie (mit dem Mietwagen) zu interessanten Orten, die Sie auf Ihren Trainingstouren gesehen haben. Genießen Sie Massage und Sauna.

Noch ein Wort zu den Trainingseinheiten: Diese sind möglichst nonstop, d. h. ohne Pause zu absolvieren. Ein Training von 6 Stunden, bei dem nach der Hälfte der Strecke eine ausgiebige Kaffeepause gemacht wird, ist nicht RGA 6h, sondern 2 x RGA 3h, und das ist, was die Fettutilisation betrifft, ein enormer Unterschied. Ich weiß, ich weiß, auch ich schätze die Kaffee-Ausfahrten, aber seien Sie ehrlich zu sich selbst. In Roth auf der Radstrecke gehen Sie ja auch nicht auf der Biermeile «einkehren».

Regeln der Trainingsplanung

Im folgenden Abschnitt geht es um **die kurzfristige Planung**. Die hier angegebenen Regeln sind für den Hobby-Sportler und Finisher zu beachten, die meistens noch Familie und Beruf berücksichtigen müssen. Für den Leistungssportler und Profi mit 25–30 und mehr Wochenstunden Training gelten andere Gesetze.

1. Regel:
Einhalten der Verteilung in die Trainingsbereiche
Hier gilt es umzusetzen, was im letzten Kapitel angedeutet wurde – der Langdistanz-Triathlet sollte 70 Prozent der zur Verfügung stehenden Zeit (wir gehen ja von 8 Wochenstunden im Jahresdurchschnitt aus) im Grundlagenbereich trainieren. Daraus ergibt sich 8 Std x 70 % = ca. $5\frac{1}{2}$ Stunden GA-Training.

2. Regel:
Regeneration im Trainingsplan berücksichtigen
Als eine der wichtigsten regenerativen Maßnahmen gelten die **Ruhetage und Regenerationswochen**. Im Kapitel zur Regeneration (S. •••) wird noch näher auf die Wirkung eingegangen. Für die praktische Umsetzung im Trainingsplan empfehle ich Ihnen

a) pro Woche mindestens 2 Ruhetage einzuplanen. Ruhetag heißt **keinerlei** sportliche oder auch andere körperlich beanspruchende Tätigkeiten. Häufig erfahren wir von Sportlern, erst nachdem die gewünschten Anpassungen an das Trainingsprogramm ausbleiben, daß sie an den Ruhetagen einer weiteren Sportart nachgehen, die zudem meist noch recht intensiv betrieben wird (z. B. Spiel- oder Mannschaftssportart). Dem Körper wird so **keine** ausreichende Regenerationsgelegenheit eingeräumt – der Trainingseffekt bleibt aus! Beachten Sie also: Ruhetag ist wirklich Ruhetag! – Füße hoch und ausruhen. Die Ruhetage erfolgen in der Regel nach 2 bzw. 3 Tagen Training. Da der berufstätige Hobbysportler seine langen Einheiten am Wochenende absolvieren muß, sollte er erholt in diesen Trainingsblock (= 2 bzw. 3 Trainingstage hintereinander) hineingehen und sich auch danach genügend erholen. Somit eignen sich der Montag und der Freitag meistens ideal als Ruhetage:
b) nach jedem 3wöchigen Block am Trainingsaufbau (sowie nach jedem Wettkampf) eine Regenerationswoche einzulegen. In der Regenerationswoche wird nur in den untersten beiden Trainingsstufen (Reg GA) trainiert. Ebenfalls ist der Umfang deutlich geringer als in den anderen, regulären Trainingswochen, d. h. ungefähr 3–4 Stunden.

In der Praxis folgt nach 3 ansteigenden Wochen eine Regenerationswoche:

Stundenbelastung

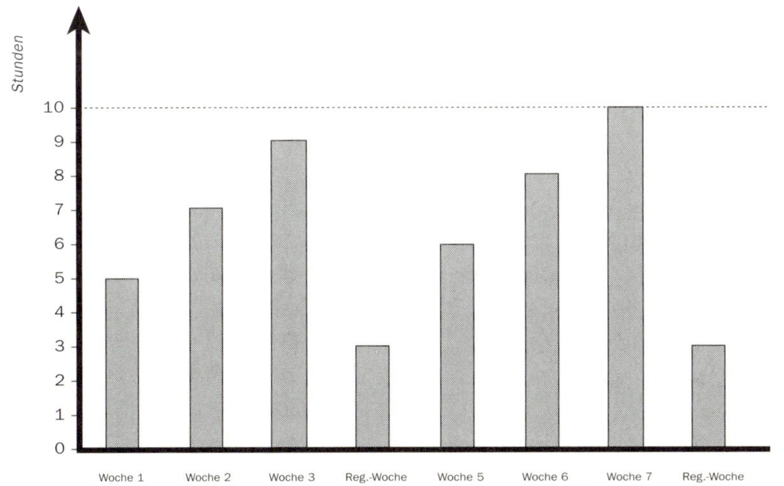

3. Regel:
Nur eine gezielte Einheit pro Tag
Für diese Einstellung bin ich schon oft kritisiert worden, jedoch haben die Sportler, die es ausprobiert haben, nur positiv davon gesprochen. Hier gilt es dem Unterschied zwischen dem Kurzdistanztriathlon (1,5-40-10) und dem Langdistanztriathlon (3,8-180-42,2) gerecht zu werden. Bei den «Shorties» (Bezeichnung für Triathleten, die vornehmlich auf der Kurzdistanz starten) stehen oft mehrere Einheiten am Tag, z. B. mittags Schwimmen und abends Laufen auf dem Programm. Dies macht auch für die Kurzdistanz durchaus Sinn, vorausgesetzt, die Einheiten ergänzen sich, und es ist genügend Regenerationszeit vorhanden.

Leider grassiert gerade bei Anfängern die gänzlich falsche Annahme, man müsse jede Disziplin am besten jeden Tag trainieren. Das Ergebnis sieht dann wie folgt aus:

Da sich die Einheiten nicht in den bestehenden Wochenplan (Beruf und Familie) ohne Probleme einbauen lassen, gibt es gnadenloses Gehetze. Vor dem Job noch schnell etwas laufen, mittags schnell ins Schwimmbad und abends rasch noch auf das Rad, aber nicht so lange, dafür heftig, damit es sich wenigstens lohnt. Dazu gesellt sich dann ein permanent schlechtes Gewissen, geschürt von all den Trainingseinheiten, die man nicht mehr in den Tagesplan «reinquetschen» konnte und deswegen hat müssen sausenlassen. Schlimmstenfalls wird dann noch versucht, diese «fehlenden» Einheiten nachzuholen. Die Verwirrung wird noch gesteigert, wenn man dann im Schwimmbad von anderen Triathleten hört, was die so alles trainieren. Heraus kommt eine Art «Patchwork-Training», bei dem von jedem etwas trainiert wird, aber keine der Einheiten einen entscheidenden Trainingsreiz darstellt. Das Fatale an einer solchen Situation ist nicht das mäßig effektive Training an sich, sondern die Erkenntnis, daß der Athlet mit dem Kopf überhaupt nicht bei der Sache ist. Wer von anderen Terminen gehetzt in eine Einheit geht und diese ebenfalls unter Zeitdruck beenden muß, ist geistig nicht «anwesend».

Daher meine Devise: Lieber eine Einheit und die richtig, als zwei unter Streß absolvierte Pflichtübungen. Es soll ja schließlich Spaß und Freude bereiten. Wenn Sie sich bei einigen wenigen Einheiten voll konzentrieren, trainieren Sie effektiv.

4. Regel:
Aufsteigende Umfänge im Trainingsblock
Innerhalb eines Trainingsblocks von 2 bzw. 3 Tagen sollten die Trainingsumfänge aufsteigend sein. Das heißt, am ersten Tag z. B. RGA 1,5 Std (Radtraining im Grundlagenbereich mit einer Dauer von 1,5 Stunden), am zweiten Tag: RGA 2 Std und am dritten Tag: RGA 2,5 Std.
Dies sieht grafisch so aus:

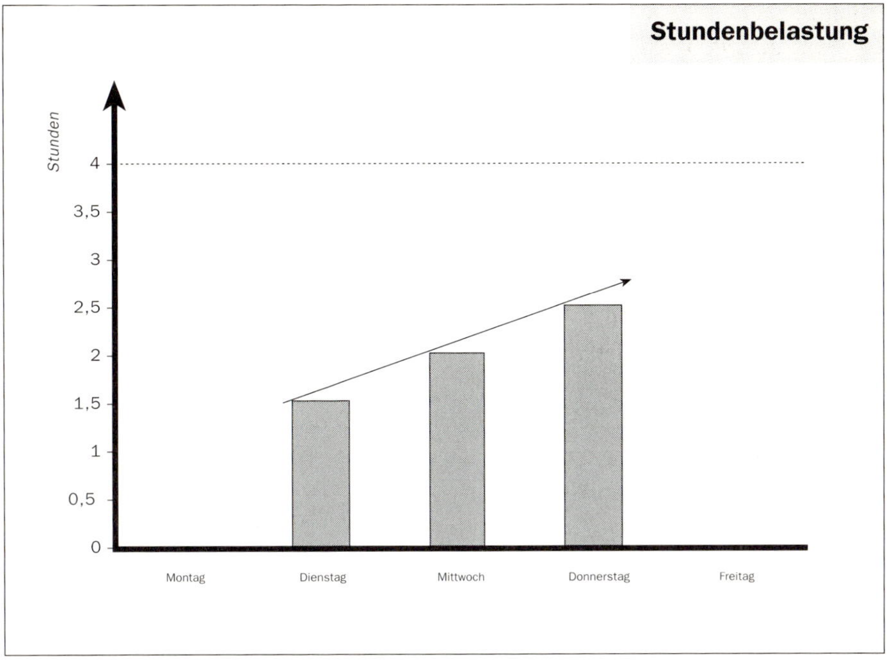

5. Regel:
Intensive Einheiten an den Anfang stellen

Auch diese Regel berücksichtigt das Prinzip der Anspannung (Training) und Entspannung (Regeneration). Die Kraftausdauer- und Entwicklungs-Einheiten sollten immer am ersten Tag eines Trainingsblocks eingeplant werden. Nach einem Regenerationstag ist der Körper ausgeruht und frisch, um eine intensive Einheit zu verkraften.

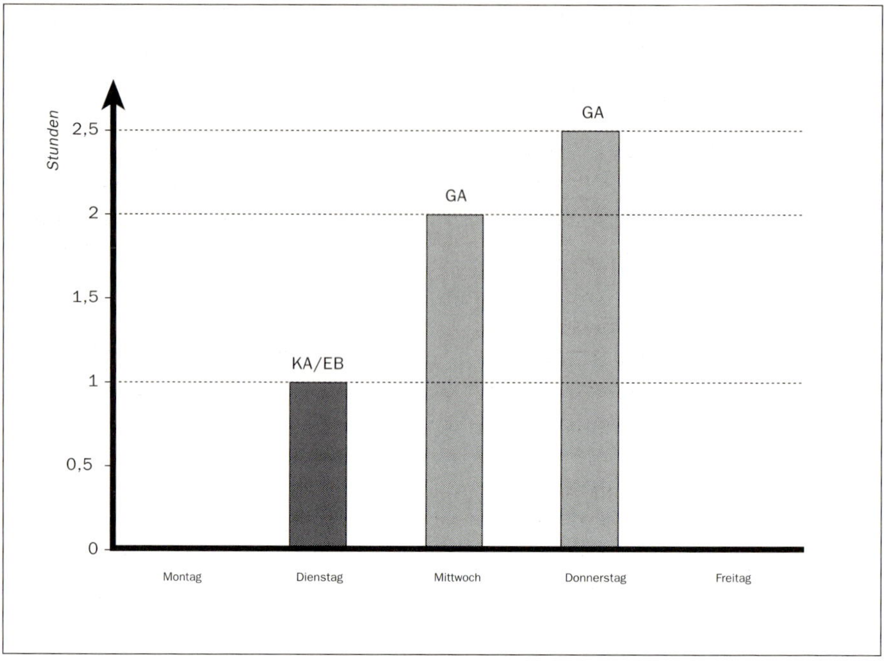

Dies sind die wichtigsten Regeln für die kurzfristige Trainingsplanung (auch Detailplanung). Nun gilt es, abgeleitet von der langfristigen Planung (Saisonalisierung), diese Regeln in der Detailplanung umzusetzen.

Detaillierte (kurzfristige) Trainingsplanung

Die nachfolgend aufgeführten Trainingsbereiche sind **Beispiele**, denen jeweils ganz bestimmte Gegebenheiten wie

- Alter
- sportliche Historie
- Gesundheitszustand
- Fähigkeiten in den verschiedenen Disziplinen
- etc.

zugrunde liegen. Ich habe das eingangs erwähnte und recht typische Beispiel von 32jährigen und berufstätigen Familienvätern fortgesetzt.

Bitte stimmen Sie Ihre Trainingspläne **unbedingt** auf Ihre individuellen Gegebenheiten und Bedürfnisse ab. Lassen Sie sich ggf. von einer Fachperson beraten. Ein geeigneter Trainer sollte sich im Triathlon auskennen und ebenfalls die Fähigkeit besitzen, sich in Ihre Lage zu versetzen. Ihr Job ist es, den Trainer zu «briefen», d. h. alle relevanten Informationen zur Verfügung zu stellen. Je offener und realistischer Sie das tun, um so besser wird das Ergebnis. Sehr oft fließen in den Gesprächen, speziell wenn es um den mentalen Bereich geht, auch Dinge aus dem Privat- und Berufsleben mit ein. Bauen Sie deshalb ein Vertrauensverhältnis zu Ihrem Trainer auf – er ist Ihnen zur Verschwiegenheit verpflichtet!

Bei der Darstellung des Trainingsplanes, der gleichzeitig als Protokoll dient, habe ich mich für eine einfache und übersichtliche Darstellung entschieden, auf der nur die Trainingsintensität und die Trainingsdauer verzeichnet sind. Zustätzlich werden noch der morgendliche Ruhepuls (siehe Kapitel Regeneration) und das Gewicht notiert (dient der Kontrolle des Flüssigkeitshaushaltes). Natürlich können Sie dazu noch detailliertere Aufzeichnungen erstellen, bei denen Distanzen, Durchschnittsgeschwindigkeiten, Wetter, Terrain etc. vermerkt werden.

Beispiel:

Tag	Puls	Gewicht	Trainings-Plan	Trainings-Ist	Bemerkungen
Mo		Ruhetag			
Di		S technik			

Zur Erinnerung:

Legende der Disziplinen

R = Radfahren
L = Laufen
S = Schwimmen

Legende der Intensitäten

reg = Regenerationsbereich
ga = Grundlagenausdauer
ka = Kraftausdauer
eb = Entwicklungsbereich

Anmerkung: Die Trainingsumfänge in den detaillierten Trainingsplänen stimmen nicht völlig mit denen aus der Langfrist-Planung überein. Es wird hier nur eine Idee vermittelt, wie die o. g. Regeln in der detaillierten Trainingsplanung umzusetzen sind.

Es ist **unerläßlich**, die regenerativen Maßnahmen sowie das Mentaltraining (Visualisierung & Meditation) fest mit in die Planung einzubauen, da es sonst eben nicht gemacht wird.

Mit den von mir betreuten Sportlern werden die Trainingspläne jeweils für den Zeitraum der nächsten 12 Wochen erstellt. Sie finden nachfolgend zwar zur Veranschaulichung die gesamten Pläne für das Vorbereitungs- und das Ironman-Jahr, aber in Realität wird jeweils nur der nächste Abschnitt geplant. Es ist unbedingt notwendig, nach **jeder** Periode das Feedback des Sportlers wieder in den neuen Abschnitt einfließen zu lassen. Auch hat die Planung in Abschnitten den praktischen Vorteil, auf die Termine aus den anderen Lebensbereichen einzugehen, denn wer weiß schon genau die Termine für die Geschäftsreisen und Urlaube in zwei Jahren.

Vorbereitungsjahr
1. Periode

Ziel:

1. Ermittlung der Herzfrequenzen (HF) mittels Stufentest
2. Anpassung bzw. Umstellung des Trainings an die aus dem ST ermittelten HF, speziell im Grundlagenausdauerbereich.

Mittel:

Wegen der Witterungsverhältnisse in Mitteleuropa sind Rad-Einheiten noch spärlich gesät, Hauptteile bilden die Schwimm- und Laufeinheiten (je 2 pro Woche).

Schwierigkeiten

1. Der Sportler fällt in die alten Trainingsgewohnheiten zurück.
2. Er will am Anfang zuviel, Geduld!

Wochenplanung

Wochtentag	Vorb. ohne Rad	Vorb. mit Rad	Regeneration
Mo	Ruhetag	Ruhetag	Ruhetag
Di	S technik	S technik	Ruhetag
Mi	Lga 1:40	Lga 1:20	Lga 1:30
Do	S distanz	S distanz	S technik
Fr	Ruhetag	Ruhetag	Ruhetag
Sa	Lga 1:10	Lga 1:10	Ruhetag
So	Ruhetag	Rga 2 Std.	Lreg 1 Std.

Name:	Jo Finisher, 32 J. verh., 1 Kind				erstellt am:	28. 08. 97
Datum	**Tag**	**Puls**	**Gewicht**	**Trainings-Plan**	**Training-Ist**	**Bemerkungen**
5. 01. 1998	Mo			Ruhetag		
6. 01. 1998	Di			S technik		
7. 01. 1998	Mi			Lga 1:40		
8. 01. 1998	Do			S distanz		
9. 01. 1998	Fr			Ruhetag		Visualisierung
10. 01. 1998	Sa			Lga 1:10		
11. 01. 1998	So			Ruhetag		
12. 01. 1998	Mo			Ruhetag		Sauna & Massage
13. 01. 1998	Di			S technik		
14. 01. 1998	Mi			Lga 1:40		
15. 01. 1998	Do			S distanz		
16. 01. 1998	Fr			Ruhetag		
17. 01. 1998	Sa			Lga 1:10		
18. 01. 1998	So			Ruhetag		Sauna & Massage
19. 01. 1998	Mo			Ruhetag		
20. 01. 1998	Di			S technik		
21. 01. 1998	Mi			Lga 1:40		
22. 01. 1998	Do			S distanz		
23. 01. 1998	Fr			Ruhetag		

Datum	Tag	Puls	Gewicht	Trainings-Plan	Training-Ist	Bemerkungen
24. 01. 1998	Sa			Lga 1:10		
25. 01. 1998	So			Ruhetag		Visualisierung
26. 01. 1998	Mo			Ruhetag		
27. 01. 1998	Di			**Laktatstufentest**		
28. 01. 1998	Mi			Rreg 1:30		
29. 01. 1998	Do			S technik		
30. 01. 1998	Fr			Ruhetag		Sauna & Massage
31. 01. 1998	Sa			Ruhetag		
1. 02. 1998	So			Lreg 1 Std.		
2. 02. 1998	Mo			Ruhetag		
3. 02. 1998	Di			S technik		
4. 02. 1998	Mi			Lga 1:20		
5. 02. 1998	Do			S distanz		
6. 02. 1998	Fr			Ruhetag		
7. 02. 1998	Sa			Lga 1:10		
8. 02. 1998	So			Rga 2 Std.		
9. 02. 1998	Mo			Ruhetag		Sauna & Massage
10. 02. 1998	Di			S technik		
11. 02. 1998	Mi			Lga 1:40		
12. 02. 1998	Do			S distanz		
13. 02. 1998	Fr			Ruhetag		Visualisierung
14. 02. 1998	Sa			Lga 1:10		
15. 02. 1998	So			Ruhetag		
16. 02. 1998	Mo			Ruhetag		
17. 02. 1998	Di			S technik		
18. 02. 1998	Mi			Lga 1:20		
19. 02. 1998	Do			S distanz		
20. 02. 1998	Fr			Ruhetag		
21. 02. 1998	Sa			Lga 1:10		
22. 02. 1998	So			Rga 2 Std.		
23. 02. 1998	Mo			Ruhetag		Sauna & Massage
24. 02. 1998	Di			Ruhetag		
25. 02. 1998	Mi			Rreg 1:30		
26. 02. 1998	Do			S technik		
27. 02. 1998	Fr			Ruhetag		Visualisierung

Datum	Tag	Puls	Gewicht	Trainings-Plan	Training-Ist	Bemerkungen
28. 02. 1998	Sa			Ruhetag		
1. 03. 1998	So			Lreg 1 Std.		
2. 03. 1998	Mo			Ruhetag		
3. 03. 1998	Di			S technik		
4. 03. 1998	Mi			Lga 1:20		
5. 03. 1998	Do			S distanz		
6. 03. 1998	Fr			Ruhetag		
7. 03. 1998	Sa			Lga 1:10		
8. 03. 1998	So			Rga 3 Std.		
9. 03. 1998	Mo			Ruhetag		Sauna & Massage
10. 03. 1998	Di			S technik		
11. 03. 1998	Mi			Lga 1:20		
12. 03. 1998	Do			S distanz		
13. 03. 1998	Fr			Ruhetag		Visualisierung
14. 03. 1998	Sa			Lga 1:10		
15. 03. 1998	So			Rga 2:30		
16. 03. 1998	Mo			Ruhetag		Sauna & Massage
17. 03. 1998	Di			S technik		
18. 03. 1998	Mi			Lga 1:20		
19. 03. 1998	Do			S distanz		
20. 03. 1998	Fr			Ruhetag		
21. 03. 1998	Sa			Lga 1:10		
22. 03. 1998	So			Rga 3 Std.		
23. 03. 1998	Mo			Ruhetag		Sauna & Massage
24. 03. 1998	Di			Ruhetag		
25. 03. 1998	Mi			Rreg 1:30		
26. 03. 1998	Do			S technik		
27. 03. 1998	Fr			Ruhetag		Visualisierung
28. 03. 1998	Sa			Ruhetag		
29. 03. 1998	So			Lreg 1 Std.		

Vorbereitungsjahr, 2. Periode

Ziel:

1. Langsame Anpassung an längere Trainingseinheiten bis zu 4 Std.

Mittel:

1. Blockbildung am Wochenende mit aufsteigender Belastung
2. Kombinationstraining RGA+LGA
3. Ga-Woche wechselt mit Ka-Woche im 2:1-Rhythmus

Besonderes:

1. Die Zeit um Ostern wird als intensiver Trainingsblock genutzt
2. Zu dem Technik- und Distanztraining im Schwimmen gesellt sich noch das Programm «Atmung»

Wochenplanung

Wochtentag	**ga-Woche**	**ga / ka-Woche**	**Regeneration**
Mo	Ruhetag	Ruhetag	Ruhetag
Di	S technik	S technik	Ruhetag
Mi	Lga 1:40	Lga 2 Std.	Rreg 2 Std.
Do	S distanz	S atmung	S technik
Fr	Ruhetag	Ruhetag	Ruhetag
Sa	Rga 2–3 Std. + Lga 0:30	Rka 1 Std. + Lga 1 Std.	Ruhetag
So	Rga 3–4 Std.	Rga 3–4 Std.	Lreg 0:30

Name:	Jo Finisher, 32 J., verh., 1 Kind				erstellt am:	28. 08. 97
Datum	**Tag**	**Puls**	**Gewicht**	**Trainings-Plan**	**Training-Ist**	**Bemerkungen**
30. 03. 1998	Mo			Ruhetag		
31. 03. 1998	Di			S technik		
1. 04. 1998	Mi			Lga 1:40		
2. 04. 1998	Do			S distanz		
3. 04. 1998	Fr			Ruhetag		Visualisierung
4. 04. 1998	Sa			Rga 2–3 Std. + Lga 0:30		
5. 04. 1998	So			Rga 3–4 Std.		
6. 04. 1998	Mo			Ruhetag		Sauna & Massage
7. 04. 1998	Di			S technik		
8. 04. 1998	Mi			Lga 1:40		
9. 04. 1998	Do			Ruhetag		Visualisierung
10. 04. 1998	Fr			Rga 3 Std.		Ostern
11. 04. 1998	Sa			Rga 3:30		Ostern
12. 04. 1998	So			Rga 4 Std.		Ostern
13. 04. 1998	Mo			Rga 4:30		Ostern
14. 04. 1998	Di			Ruhetag		Sauna & Massage
15. 04. 1998	Mi			Lga 2 Std.		
16. 04. 1998	Do			S atmung		
17. 04. 1998	Fr			Ruhetag		

Datum	Tag	Puls	Gewicht	Trainings-Plan	Training-Ist	Bemerkungen
18. 04. 1998	Sa			Rka 1 Std. + Lga 1 Std.		
19. 04. 1998	So			Rga 3–4 Std.		
20. 04. 1998	Mo			Ruhetag		Sauna & Massage
21. 04. 1998	Di			Ruhetag		
22. 04. 1998	Mi			Rreg 2 Std.		
23. 04. 1998	Do			S technik		
24. 04. 1998	Fr			Ruhetag		Visualisierung
25. 04. 1998	Sa			Ruhetag		
26. 04. 1998	So			Lreg 0:30		
27. 04. 1998	Mo			Ruhetag		
28. 04. 1998	Di			S technik		
29. 04. 1998	Mi			Lga 2 Std.		
30. 04. 1998	Do			S atmung		
1. 05. 1998	Fr			Ruhetag		
2. 05. 1998	Sa			Rka 1 Std. + Lga 1 Std.		
3. 05. 1998	So			Rga 3–4 Std.		
4. 05. 1998	Mo			Ruhetag		Sauna & Massage
5. 05. 1998	Di			S technik		
6. 05. 1998	Mi			Lga 1:40		
7. 05. 1998	Do			S distanz		
8. 05. 1998	Fr			Ruhetag		Visualisierung
9. 05. 1998	Sa			Rga 2–3 Std. + Lga 0:30		
10. 05. 1998	So			Rga 3–4 Std.		
11. 05. 1998	Mo			Ruhetag		Sauna & Massage
12. 05. 1998	Di			S technik		
13. 05. 1998	Mi			Lga 1:40		
14. 05. 1998	Do			S distanz		
15. 05. 1998	Fr			Ruhetag		
16. 05. 1998	Sa			Rga 2–3 Std. + Lga 0:30		
17. 05. 1998	So			Rga 3–4 Std.		
18. 05. 1998	Mo			Ruhetag		Sauna & Massage
19. 05. 1998	Di			Ruhetag		
20. 05. 1998	Mi			Rreg 2 Std.		
21. 05. 1998	Do			S technik		
22. 05. 1998	Fr			Ruhetag		

Datum	Tag	Puls	Gewicht	Trainings-Plan	Training-Ist	Bemerkungen
23. 05. 1998	Sa			Ruhetag		
24. 05. 1998	So			Lreg 0:30		
25. 05. 1998	Mo			Ruhetag		
26. 05. 1998	Di			S technik		
27. 05. 1998	Mi			Lga 2 Std.		
28. 05. 1998	Do			S atmung		
29. 05. 1998	Fr			Ruhetag		Visualisierung
30. 05. 1998	Sa			Rka 1 Std. + Lga 1 Std.		
31. 05. 1998	So			Rga 3–4 Std.		
1. 06. 1998	Mo			Ruhetag		Sauna & Massage
2. 06. 1998	Di			S technik		
3. 06. 1998	Mi			Lga 1:40		
4. 06. 1998	Do			S distanz		
5. 06. 1998	Fr			Ruhetag		
6. 06. 1998	Sa			Rga 2–3 Std. + Lga 0:30		
7. 06. 1998	So			Rga 3–4 Std.		
8. 06. 1998	Mo			Ruhetag		Sauna & Massage
9. 06. 1998	Di			S technik		
10. 06. 1998	Mi			Lga 2 Std.		
11. 06. 1998	Do			S atmung		
12. 06. 1998	Fr			Ruhetag		Visualisierung
13. 06. 1998	Sa			Rka 1 Std. + Lga 1 Std.		
14. 06. 1998	So			Rga 3–4 Std.		
15. 06. 1998	Mo			Ruhetag		Sauna & Massage
16. 06. 1998	Di			Ruhetag		
17. 06. 1998	Mi			Rreg 2 Std.		
18. 06. 1998	Do			S technik		
19. 06. 1998	Fr			Ruhetag		
20. 06. 1998	Sa			Ruhetag		
21. 06. 1998	So			Lreg 0:30		

Vorbereitungsjahr, 3. Periode

Ziel:

1. Erlangen von Wettkampferfahrung mittels eines Kurztriathlons
2. Ermitteln des Trainingseffektes aus den ersten beiden Perioden mittels zweitem Stufentest sowie neue «Eichung» der Trainings-HF.

Mittel:

Den Hauptteil bildet nach wie vor der GA-Block am Wochenende.

Wochenplanung

Wochtentag	ga-Woche	ka-Woche	Regeneration
Mo	Ruhetag	Ruhetag	Ruhetag
Di	S technik	S technik	Ruhetag
Mi	Lga 1:20	Lka 1 Std.	Rreg 1 Std.
Do	S distanz	S atmung	S technik
Fr	Ruhetag	Ruhetag	Ruhetag
Sa	Rga 1:30 + Lga 0:30	Rka 1 Std. + Lga 0:40	Ruhetag
So	Rga 2–3 Std.	Rga 3 Std.	Lreg 0:40

Name:	Jo Finisher, 32 J., verh., 1 Kind				erstellt am:	28. 08. 97
Datum	**Tag**	**Puls**	**Gewicht**	**Trainings-Plan**	**Training-Ist**	**Bemerkungen**
22. 06. 1998	Mo			Ruhetag		Visualisierung
23. 06. 1998	Di			S technik		
24. 06. 1998	Mi			Lka 1 Std.		
25. 06. 1998	Do			S atmung		
26. 06. 1998	Fr			**Laktatstufentest**		
27. 06. 1998	Sa			Rga 3 Std.		
28. 06. 1998	So			Ruhetag		
29. 06. 1998	Mo			Ruhetag		Sauna & Massage
30. 06. 1998	Di			S technik		
1. 07. 1998	Mi			Lka 1 Std.		
2. 07. 1998	Do			S atmung		
3. 07. 1998	Fr			Ruhetag		
4. 07. 1998	Sa			Rka 1 Std. + Lga 0:40		
5. 07. 1998	So			Rga 3 Std.		
6. 07. 1998	Mo			Ruhetag		Sauna & Massage
7. 07. 1998	Di			S technik		
8. 07. 1998	Mi			Lga 1:20		
9. 07. 1998	Do			S distanz		
10. 07. 1998	Fr			Ruhetag		

Datum	Tag	Puls	Gewicht	Trainings-Plan	Training-Ist	Bemerkungen
11. 07. 1998	Sa			Rga 1:30 Std. + Lga 0:30		
12. 07. 1998	So			Rga 2–3 Std.		
13. 07. 1998	Mo			Ruhetag		Sauna & Massage
14. 07. 1998	Di			Ruhetag		
15. 07. 1998	Mi			Rreg 1 Std.		
16. 07. 1998	Do			S technik		
17. 07. 1998	Fr			Ruhetag		
18. 07. 1998	Sa			Ruhetag		
19. 07. 1998	So			Lreg 0:40		
20. 07. 1998	Mo			Ruhetag		Visualisierung
21. 07. 1998	Di			Rka 1 Std. + Lga 0:40		
22. 07. 1998	Mi			Lka 0:30		
23. 07. 1998	Do			S atmung		
24. 07. 1998	Fr			Ruhetag		Visualisierung
25. 07. 1998	Sa			Ruhtag		
26. 07. 1998	So			**Tria Kurzdistanz 1,5-40-10**		
27. 07. 1998	Mo			Ruhetag		Sauna & Massage
28. 07. 1998	Di			S technik		
29. 07. 1998	Mi			Lga 1:20		
30. 07. 1998	Do			S distanz		
31. 07. 1998	Fr			Ruhetag		
1. 08. 1998	Sa			Rga 1:30 Std. + Lga 0:30		
2. 08. 1998	So			Rga 2–3 Std.		
3. 08. 1998	Mo			Ruhetag		Sauna & Massage
4. 08. 1998	Di			S technik		
5. 08. 1998	Mi			Lga 1:20		
6. 08. 1998	Do			S distanz		
7. 08. 1998	Fr			Ruhetag		
8. 08. 1998	Sa			Rga 1:30 Std. + Lga 0:30		
9. 08. 1998	So			Rga 2–3 Std.		
10. 08. 1998	Mo			Ruhetag	Sauna & Massage	
11. 08. 1998	Di			Ruhetag		
12. 08. 1998	Mi			Rreg 1 Std.		
13. 08. 1998	Do			S technik		
14. 08. 1998	Fr			Ruhetag		

Datum	Tag	Puls	Gewicht	Trainings-Plan	Training-Ist	Bemerkungen
15. 08. 1998	Sa			Ruhetag		
16. 08. 1998	So			Lreg 0:40		
17. 08. 1998	Mo			Ruhetag		
18. 08. 1998	Di			S technik		
19. 08. 1998	Mi			Lga 1:20		
20. 08. 1998	Do			S distanz		
21. 08. 1998	Fr			Ruhetag		Visualisierung
22. 08. 1998	Sa			Rga 1:30 Std. + Lga 0:30		
23. 08. 1998	So			Rga 2–3 Std.		
24. 08. 1998	Mo			Ruhetag		Sauna & Massage
25. 08. 1998	Di			S technik		
26. 08. 1998	Mi			Lga 1:20		
27. 08. 1998	Do			S distanz		
28. 08. 1998	Fr			Ruhetag		
29. 08. 1998	Sa			Rga 1:30 Std. + Lga 0:30		
30. 08. 1998	So			Rga 2–3 Std.		
31. 08. 1998	Mo			Ruhetag		Sauna & Massage
1. 09. 1998	Di			S technik		
2. 09. 1998	Mi			Lga 1:20		
3. 09. 1998	Do			S distanz		
4. 09. 1998	Fr			Ruhetag		
5. 09. 1998	Sa			Rga 1:30 Std. + Lga 0:30		
6. 09. 1998	So			Rga 2–3 Std.		
7. 09. 1998	Mo			Ruhetag		Sauna & Massage
8. 09. 1998	Di			Ruhetag		Visualisierung
9. 09. 1998	Mi			Rreg 1 Std.		
10. 09. 1998	Do			S technik		
11. 09. 1998	Fr			Ruhetag		
12. 09. 1998	Sa			Ruhetag		
13. 09. 1998	So			Lreg 0:40		

Vorbereitungsjahr, 4. Periode

Ziel

1. Weitere Wettkampferfahrung mittels eines Triathlons über die Mitteldistanz
2. Danach Zurückfahren der Umfänge, keine Intensitäten mehr trainieren
   Vorbereitung **Ruhemonat**

Wochenplanung

Wochtentag	**ohne Rad**	**mit Rad**	**Regeneration**
Mo	Ruhetag	Ruhetag	Ruhetag
Di	S technik	S technik	Ruhetag
Mi	Lga 1:40	Lga 1:20	Rreg 1:30
Do	S distanz	S distanz	S technik
Fr	Ruhetag	Ruhetag	Ruhetag
Sa	Lga 1:10	Lga 1:10	Ruhetag
So	Ruhetag	Rga 2 Std.	Lreg 1 Std.

Name:	Jo Finisher, 32 J., verh., 1 Kind				erstellt am:	28. 08. 97
Datum	**Tag**	**Puls**	**Gewicht**	**Trainings-Plan**	**Training-Ist**	**Bemerkungen**
14. 09. 1998	Mo			Ruhetag		Visualisierung
15. 09. 1998	Di			S technik		
16. 09. 1998	Mi			Lga 1:20		
17. 09. 1998	Do			S distanz		
18. 09. 1998	Fr			Ruhetag		Visualisierung
19. 09. 1998	Sa			Ruhetag		
20. 09. 1998	So			**Tria Mitteldistanz**		**2-90-21**
21. 09. 1998	Mo			Ruhetag		Sauna & Massage
22. 09. 1998	Di			S technik		
23. 09. 1998	Mi			Ruhetag		Entspannungs-meditation
24. 09. 1998	Do			S distanz		
25. 09. 1998	Fr			Ruhetag		
26. 09. 1998	Sa			Lga 1:10		
27. 09. 1998	So			Rga 2 Std.		
28. 09. 1998	Mo			Ruhetag		Sauna & Massage
29. 09. 1998	Di			S technik		
30. 09. 1998	Mi			Lga 1:20		
1. 10. 1998	Do			S distanz		

Datum	Tag	Puls	Gewicht	Trainings-Plan	Training-Ist	Bemerkungen
2. 10. 1998	Fr			Ruhetag		Entspannungs-meditation
3. 10. 1998	Sa			Lga 1:10		
4. 10. 1998	So			Rga 2 Std.		
5. 10. 1998	Mo			Ruhetag		Sauna & Massage
6. 10. 1998	Di			Ruhetag		
7. 10. 1998	Mi			Rreg 1:30		
8. 10. 1998	Do			S technik		
9. 10. 1998	Fr			Ruhetag		
10. 10. 1998	Sa			Ruhetag		
11. 10. 1998	So			Lreg 1 Std.		
12. 10. 1998	Mo			Ruhetag		Sauna & Massage
13. 10. 1998	Di			S technik		
14. 10. 1998	Mi			Lga 1:40		
15. 10. 1998	Do			S distanz		
16. 10. 1998	Fr			Ruhetag		
17. 10. 1998	Sa			Lga 1:10		
18. 10. 1998	So			Ruhetag		
19. 10. 1998	Mo			Ruhetag		
20. 10. 1998	Di			S technik		
21. 10. 1998	Mi			Lga 1:40		
22. 10. 1998	Do			S distanz		
23. 10. 1998	Fr			Ruhetag		
24. 10. 1998	Sa			Lga 1:10		
25. 10. 1998	So			Ruhetag		
26. 10. 1998	Mo			Ruhetag		Sauna & Massage
27. 10. 1998	Di			S technik		
28. 10. 1998	Mi			Lga 1:40		
29. 10. 1998	Do			S distanz		
30. 10. 1998	Fr			Ruhetag		
31. 10. 1998	Sa			Lga 1:10		
1. 11. 1998	So			Ruhetag		Start Ruhemonat!!
2. 11. 1998	Mo					Sauna & Massage
3. 11. 1998	Di					
4. 11. 1998	Mi					

Datum	Tag	Puls	Gewicht	Trainings-Plan	Training-Ist	Bemerkungen
5. 11. 1998	Do					
6. 11. 1998	Fr					
7. 11. 1998	Sa					
8. 11. 1998	So					
9. 11. 1998	Mo					Sauna & Massage
10. 11. 1998	Di					
11. 11. 1998	Mi					
12. 11. 1998	Do					
13. 11. 1998	Fr					
14. 11. 1998	Sa					
15. 11. 1998	So					
16. 11. 1998	Mo					Sauna & Massage
17. 11. 1998	Di					
18. 11. 1998	Mi					
19. 11. 1998	Do					
20. 11. 1998	Fr					
21. 11. 1998	Sa					
22. 11. 1998	So					
23. 11. 1998	Mo					Sauna & Massage
24. 11. 1998	Di					
25. 11. 1998	Mi					
26. 11. 1998	Do					
27. 11. 1998	Fr					
28. 11. 1998	Sa					
29. 11. 1998	So					
30. 11. 1998	Mo			Ruhetag		Sauna & Massage
1. 12. 1998	Di			S technik		
2. 12. 1998	Mi			Lga 1:40		
3. 12. 1998	Do			S distanz		
4. 12. 1998	Fr			Ruhetag		
5. 12. 1998	Sa			Lga 1:10		
6. 12. 1998	So			Ruhetag		
Wochen 50–53 in etwa wie Woche 49 (locker angehen lassen)						

Ironman-Jahr, 1. Periode

Ziel:

1. Früher Ausbau der Grundlagenausdauer
2. Neue «Eichung» der HF Mitte Februar mittels ST, speziell für das TL
3. Trainingslager ⟶ Ausdauertraining bis zu 8 h

Mittel:

2er-Block RGA am Wochenende
Zwei Wochen Trainingslager

Schwierigkeiten:

Die Witterung im Januar und Februar, bei RGA evt. auf MTB / Rolle ausweichen, sonst auf gute Kleidung setzen.

Wochenplanung

Wochtentag	**Swim / run-Woche**	**Rad-Woche**	**Regeneration**
Mo	Ruhetag	Ruhetag	Ruhetag
Di	S technik	S technik	Ruhetag
Mi	Lga 1:30	Lga 1:40	Rreg 2:30
Do	S distanz	S distanz	S technik
Fr	Ruhetag	Ruhetag	Ruhetag
Sa	S atmung / Lga 1:40	Rga 3 Std.	Ruhetag
So	Rga 2–3:30 Std.	Rga 4 Std.	Lreg 1:20 Std.

Name:	Jo Finisher, 32 J., verh., 1 Kind			erstellt am:	28. 08. 97	
Datum	**Tag**	**Puls**	**Gewicht**	**Trainings-Plan**	**Training-Ist**	**Bemerkungen**
4. 01. 1999	Mo			Ruhetag		
5. 01. 1999	Di			S technik		
6. 01. 1999	Mi			Lga 1:30		
7. 01. 1999	Do			S distanz		
8. 01. 1999	Fr			Ruhetag		
9. 01. 1999	Sa			S atmung / Lga 1:40		
10. 01. 1999	So			Rga 2–3:30 Std.		je nach Witterung MTB
11. 01. 1999	Mo			Ruhetag		Sauna & Massage
12. 01. 1999	Di			S technik		
13. 01. 1999	Mi			Lga 1:30		
14. 01. 1999	Do			S distanz		
15. 01. 1999	Fr			Ruhetag		
16. 01. 1999	Sa			S atmung / Lga 1:40		
17. 01. 1999	So			Rga 2–3:30 Std.		
18. 01. 1999	Mo			Ruhetag		Sauna & Massage
19. 01. 1999	Di			S technik		
20. 01. 1999	Mi			Lga 1:40		
21. 01. 1999	Do			S distanz		

Datum	Tag	Puls	Gewicht	Trainings-Plan	Training-Ist	Bemerkungen
22. 01. 1999	Fr			Ruhetag		
23. 01. 1999	Sa			Rga 3 Std.		
24. 01. 1999	So			Rga 4 Std.		
25. 01. 1999	Mo			Ruhetag		Sauna & Massage
26. 01. 1999	Di			Ruhetag		
27. 01. 1999	Mi			Rreg 2:30		
28. 01. 1999	Do			S technik		
29. 01. 1999	Fr			Ruhetag		
30. 01. 1999	Sa			Ruhetag		
31. 01. 1999	So			Lreg 1:20 Std.		
1. 02. 1999	Mo			Ruhetag		
2. 02. 1999	Di			S technik		
3. 02. 1999	Mi			Lga 1:30		
4. 02. 1999	Do			S distanz		
5. 02. 1999	Fr			Ruhetag		
6. 02. 1999	Sa			S atmung/Lga 1:40		
7. 02. 1999	So			Rga 2–3:30 Std.		
8. 02. 1999	Mo			Ruhetag		Sauna & Massage
9. 02. 1999	Di			S technik		
10. 02. 1999	Mi			Lga 1:40		
11. 02. 1999	Do			S distanz		
12. 02. 1999	Fr			Ruhetag		
13. 02. 1999	Sa			Rga 3 Std.		
14. 02. 1999	So			Rga 4 Std.		
15. 02. 1999	Mo			Ruhetag		Visualisierung
16. 02. 1999	Di			S technik		
17. 02. 1999	Mi			Laktatstufentest		
18. 02. 1999	Do			S distanz		
19. 02. 1999	Fr			Ruhetag		
20. 02. 1999	Sa			Rga 3 Std.		
21. 02. 1999	So			Rga 4 Std.		
22. 02. 1999	Mo			Ruhetag		Sauna & Massage
23. 02. 1999	Di			Ruhetag		
24. 02. 1999	Mi			Rreg 2:30		
25. 02. 1999	Do			S technik		

Datum	Tag	Puls	Gewicht	Trainings-Plan	Training-Ist	Bemerkungen
26. 02. 1999	Fr			Ruhetag		
27. 02. 1999	Sa			Ruhetag		
28. 02. 1999	So			Lreg 1: 20 Std.		
1. 03. 1999	Mo			Ruhetag		
2. 03. 1999	Di			S technik		
3. 03. 1999	Mi			Lga 1: 30		
4. 03. 1999	Do			S distanz		
5. 03. 1999	Fr			Lga 1: 20		
6. 03. 1999	Sa			Ruhetag		
7. 03. 1999	So			Reisetag		Trainingslager
8. 03. 1999	Mo			Rga 3 Std.		Trainingslager
9. 03. 1999	Di			Rga 4 Std.		Trainingslager
10. 03. 1999	Mi			Rga 5 Std.		Trainingslager
11. 03. 1999	Do			Ruhetag	Sauna & Massage	Trainingslager
12. 03. 1999	Fr			Rga 4 Std.		Trainingslager
13. 03. 1999	Sa			Rga 5 Std. + Lga 20 Min.		Trainingslager
14. 03. 1999	So			Rga 6 Std.		Trainingslager
15. 03. 1999	Mo			Ruhetag	Sauna & Massage	Trainingslager
16. 03. 1999	Di			Rga 5 Std.		Trainingslager
17. 03. 1999	Mi			Rga 6 Std. + Lga 30 Min.		Trainingslager
18. 03. 1999	Do			Rga 7 Std.		Trainingslager
19. 03. 1999	Fr			Ruhetag	Sauna & Massage	Trainingslager
20. 03. 1999	Sa			Rga 8 Std.		Trainingslager
21. 03. 1999	So			Reisetag		Trainingslager
22. 03. 1999	Mo			Ruhetag		
23. 03. 1999	Di			Ruhetag		Sauna & Massage
24. 03. 1999	Mi			Rreg 2: 30		
25. 03. 1999	Do			S technik		
26. 03. 1999	Fr			Ruhetag		
27. 03. 1999	Sa			Ruhetag		
28. 03. 1999	So			Lreg 1:20 Std.		

Ironman-Jahr, 2. Periode

Ziel:

1. Training im KA und EB-Bereich zur Erlangung der Kraft und Geschwindigkeit
2. Letzter Stufentest vor dem Ironman, um die Anpassung nach dem Trainingslager sowie die Herzfrequenz für den Wettkampf zu bestimmen.
3. Erfahrung mit der WK-Geschwindigkeit

Mittel:

Kleines «Nach»-Trainingslager um Ostern (3er GA-Block)
Vorbereitungs-Wettkampf im WK-Puls zum Test, auch für Material und Food

Schwierigkeiten:

Wegen der Intensitätseinheiten auf genügend Regeneration achten!

Wochenplanung

Wochtentag	**ka-Woche**	**eb-Woche**	**Regeneration**
Mo	Ruhetag	Ruhetag	Ruhetag
Di	S technik	S technik	Ruhetag
Mi	Lka 1 Std.	Leb 3–6 x 4 Min.	Rreg 2:30
Do	S distanz	S distanz	S technik
Fr	Ruhetag	Ruhetag	Ruhetag
Sa	Rka 1 Std. + Lga 1:40	Reb 3 x 10 Min. + Lga 1 Std.	Ruhetag
So	Rga 3–4 Std.	Rga 3 Std. (locker!)	Lreg 1:30

Name:	Jo Finisher, 32 J., verh., 1 Kind				erstellt am:	28. 08. 97
Datum	**Tag**	**Puls**	**Gewicht**	**Trainings-Plan**	**Training-Ist**	**Bemerkungen**
29. 03. 1999	Mo			Ruhetag		Visualisierung
30. 03. 1999	Di			S technik		
31. 03. 1999	Mi			Lka 1 Std.		
1. 04. 1999	Do			Ruhetag		
2. 04. 1999	Fr			Rga 4 Std.		Ostern
3. 04. 1999	Sa			Rga 5 Std.		Ostern
4. 04. 1999	So			Rga 6 Std.		Ostern
5. 04. 1999	Mo			Ruhetag		Ostern
6. 04. 1999	Di			Ruhetag		Sauna & Massage
7. 04. 1999	Mi			Rreg 2:30		
8. 04. 1999	Do			S technik		
9. 04. 1999	Fr			Ruhetag		
10. 04. 1999	Sa			Ruhetag		
11. 04. 1999	So			Lreg 1:30		
12. 04. 1999	Mo			Ruhetag		Visualisierung
13. 04. 1999	Di			S technik		
14. 04. 1999	Mi			Leb 3 x 4 Min.		
15. 04. 1999	Do			S distanz		
16. 04. 1999	Fr			Ruhetag		

Datum	Tag	Puls	Gewicht	Trainings-Plan	Training-Ist	Bemerkungen
17. 04. 1999	Sa			Reb 2 x 10 Min. + Lga 1 Std.		
18. 04. 1999	So			Rga 3 Std. (locker!)		
19. 04. 1999	Mo			Ruhetag		Sauna & Massage
20. 04. 1999	Di			S technik		
21. 04. 1999	Mi			Lka 1 Std.		
22. 04. 1999	Do			S distanz		
23. 04. 1999	Fr			Ruhetag		
24. 04. 1999	Sa			Rka 1 Std. + Lga 1:40		
25. 04. 1999	So			Rga 3–4 Std.		
26. 04. 1999	Mo			Ruhetag		Sauna & Massage
27. 04. 1999	Di			S technik		
28. 04. 1999	Mi			Lka 1 Std.		
29. 04. 1999	Do			S distanz		
30. 04. 1999	Fr			Ruhetag		
1. 05. 1999	Sa			Rka 1 Std. + Lga 1:40		
2. 05. 1999	So			Rga 3–4 Std.		
3. 05. 1999	Mo			Ruhetag		Visualisierung
4. 05. 1999	Di			Ruhetag		
5. 05. 1999	Mi			Rreg 2:30		
6. 05. 1999	Do			S technik		
7. 05. 1999	Fr			Ruhetag		
8. 05. 1999	Sa			Ruhetag		
9. 05. 1999	So			Lga 2:10		
10. 05. 1999	Mo			Ruhetag		Sauna & Massage
11. 05. 1999	Di			S technik		
12. 05. 1999	Mi			Leb 3–6 x 4 Min.		
13. 05. 1999	Do			S distanz		
14. 05. 1999	Fr			Ruhetag		
15. 05. 1999	Sa			Reb 3 x 10 Min. + Lga 1 Std.		
16. 05. 1999	So			Rga 3 Std. (locker!)		
17. 05. 1999	Mo			Ruhetag		Sauna & Massage
18. 05. 1999	Di			S technik		
19. 05. 1999	Mi			Lga 2:30		
20. 05. 1999	Do			S distanz		
21. 05. 1999	Fr			Ruhetag		

Datum	Tag	Puls	Gewicht	Trainings-Plan	Training-Ist	Bemerkungen
22. 05. 1999	Sa			Rka 1 Std. + Lga 1:40		
23. 05. 1999	So			Rga 3–4 Std.		
24. 05. 1999	Mo			Ruhetag		Visualisierung
25. 05. 1999	Di			S technik		
26. 05. 1999	Mi			**Laktatstufentest**		
27. 05. 1999	Do			S distanz		
28. 05. 1999	Fr			Ruhetag		
29. 05. 1999	Sa			Reb 3 x 10 Min. + Lga 1 Std.		
30. 05. 1999	So			Rga 4 Std. (locker!)		
31. 05. 1999	Mo			Ruhetag		Sauna & Massage
1. 06. 1999	Di			Ruhetag		
2. 06. 1999	Mi			Rreg 2:30		
3. 06. 1999	Do			S technik		
4. 06. 1999	Fr			Ruhetag		
5. 06. 1999	Sa			Ruhetag		
6. 06. 1999	So			Lga 2:30		
7. 06. 1999	Mo			Ruhetag		Visualisierung
8. 06. 1999	Di			S technik		
9. 06. 1999	Mi			Leb 3–6 x 4 Min.		
10. 06. 1999	Do			S distanz		
11. 06. 1999	Fr			Ruhetag		letzte Massage
12. 06. 1999	Sa			Reb 3 x 10 Min. + Lga 1 Std.		
13. 06. 1999	So			Rga 4 Std. (locker!)		
14. 06. 1999	Mo			Ruhetag		Visualisierung
15. 06. 1999	Di			S technik		
16. 06. 1999	Mi			Lka 1 Std.		
17. 06. 1999	Do			S distanz		Visualisierung
18. 06. 1999	Fr			Ruhetag		
19. 06. 1999	Sa			**Vorbereitungs-WK**		**Kurz-/bzw. Mitteldistanz**
20. 06. 1999	So			Ruhetag		

Ironman-Jahr, 3. Periode

Ziel:

1. Finish des Ironman Europe!
2. Regeneration und Herunterfahren von Umfängen und Intensität nach dem Ironman zur Vorbereitung auf den Ruhemonat

Mittel:

Schlüsseltraining zwei Wochen vor dem Ironman

Schwierigkeiten:

Der Sportler wird nervös und hat das Gefühl, nicht genug trainiert zu haben. Ruhe bewahren, der Grundstock wurde im März gelegt! Visualisierung durchführen!

Wochenplanung

Wochtentag	**ka-Woche**	**eb-Woche**	**Regeneration**
Mo	Ruhetag	Ruhetag	Ruhetag
Di	S technik	S technik	S technik
Mi	Lka 1 Std.	Leb 3 x 3 Min.	Rreg 2:30
Do	S distanz	S distanz	S technik
Fr	Ruhetag	Ruhetag	Ruhetag
Sa	Rka 1 Std. + Lga 1:40	Reb 3 x 8 Min. + Lga 1 Std.	Ruhetag
So	Rga 3–4 Std.	Rga 3 Std.	Lreg 1:30

Name:	Jo Finisher, 32 J., verh., 1 Kind				erstellt am:	28. 08. 97
Datum	**Tag**	**Puls**	**Gewicht**	**Trainings-Plan**	**Training-Ist**	**Bemerkungen**
21. 06. 1999	Mo			Ruhetag		Sauna & Massage
22. 06. 1999	Di			S technik		
23. 06. 1999	Mi			Lka 1 Std.		
24. 06. 1999	Do			S distanz		im See, mit Neo!!
25. 06. 1999	Fr			Ruhetag		Visualisierung
26. 06. 1999	Sa			Rka 1 Std. + Lga 1:40		
27. 06. 1999	So			Rga 5–6 Std.		
28. 06. 1999	Mo			Ruhetag		
29. 06. 1999	Di			S technik		
30. 06. 1999	Mi			Leb 3 x 3 Min.		
1. 07. 1999	Do			S distanz		im See, mit Neo!!
2. 07. 1999	Fr			Ruhetag		letzte Massage
3. 07. 1999	Sa			Reb 3 x 8 Min. + Lga 1 Std.		
4. 07. 1999	So			Rga 3 Std.		
5. 07. 1999	Mo			Ruhetag		Visualisierung!!
6. 07. 1999	Di			Lka 0:50		
7. 07. 1999	Mi			Rka 1 Std.		Visualisierung!!
8. 07. 1999	Do			S 2–3 x 400 m		fooding
9. 07. 1999	Fr			Ruhetag		fooding

Datum	Tag	Puls	Gewicht	Trainings-Plan	Training-Ist	Bemerkungen
10. 07. 1999	Sa			Ruhetag		früh ins Bett!!
11. 07. 1999	So			**IRONMAN Europe**		**go for it!!**
12. 07. 1999	Mo			Ruhetag		Massage
13. 07. 1999	Di			Ruhetag		
14. 07. 1999	Mi			Rreg 2:30		
15. 07. 1999	Do			S technik		locker planschen
16. 07. 1999	Fr			Ruhetag		
17. 07. 1999	Sa			Ruhetag		Sauna & Massage
18. 07. 1999	So			Lreg 1:30		
19. 07. 1999	Mo			Ruhetag		Entspannungs-meditation
20. 07. 1999	Di			S technik		
21. 07. 1999	Mi			Lka 1 Std.		
22. 07. 1999	Do			S distanz		
23. 07. 1999	Fr			Ruhetag		
24. 07. 1999	Sa			Rka 1 Std. + Lga 1:40		
25. 07. 1999	So			Rga 3–4 Std.		
26. 07. 1999	Mo			Ruhetag		Sauna & Massage
27. 07. 1999	Di			S technik		
28. 07. 1999	Mi			Lka 1 Std.		
29. 07. 1999	Do			S distanz		
30. 07. 1999	Fr			Ruhetag		Entspannungs-meditation
31. 07. 1999	Sa			Rka 1 Std. + Lga 1:40		
1. 08. 1999	So			Rga 3–4 Std.		
2. 08. 1999	Mo			Ruhetag		Sauna & Massage
3. 08. 1999	Di			S technik		
4. 08. 1999	Mi			Lka 1 Std.		
5. 08. 1999	Do			S distanz		
6. 08. 1999	Fr			Ruhetag		
7. 08. 1999	Sa			Rka 1 Std. + Lga 1:40		
8. 08. 1999	So			Rga 3–4 Std.		
9. 08. 1999	Mo			Ruhetag		Sauna & Massage
10. 08. 1999	Di			S technik		
11. 08. 1999	Mi			Rreg 2:30		
12. 08. 1999	Do			S technik		

Datum	Tag	Puls	Gewicht	Trainings-Plan	Training-Ist	Bemerkungen
13. 08. 1999	Fr			Ruhetag		
14. 08. 1999	Sa			Ruhetag		
15. 08. 1999	So			Lreg 1:30		
16. 08. 1999	Mo			Ruhetag		
17. 08. 1999	Di			S technik		
18. 08. 1999	Mi			Lka 1 Std.		
19. 08. 1999	Do			S distanz		
20. 08. 1999	Fr			Ruhetag		
21. 08. 1999	Sa			Rka 1 Std. + Lga 1:40		
22. 08. 1999	So			Rga 3–4 Std.		
23. 08. 1999	Mo			Ruhetag		Sauna & Massage
24. 08. 1999	Di			S technik		
25. 08. 1999	Mi			Lka 1 Std.		
26. 08. 1999	Do			S distanz		
27. 08. 1999	Fr			Ruhetag		
28. 08. 1999	Sa			Rka 1 Std. + Lga 1:40		
29. 08. 1999	So			Rga 3–4 Std.		
30. 08. 1999	Mo			Ruhetag		Sauna & Massage
31. 08. 1999	Di			S technik		
1. 09. 1999	Mi			Lka 1 Std.		
2. 09. 1999	Do			S distanz		
3. 09. 1999	Fr			Ruhetag		
4. 09. 1999	Sa			Rka 1 Std. + Lga 1:40		
5. 09. 1999	So			Rga 3–4 Std.		
6. 09. 1999	Mo			Ruhetag		Sauna & Massage
7. 09. 1999	Di			S technik		
8. 09. 1999	Mi			Rreg 2:30		
9. 09. 1999	Do			S technik		
10. 09. 1999	Fr			Ruhetag		
11. 09. 1999	Sa			Ruhetag		
12. 09. 1999	So			Lreg 1:30		

Quick Facts

1. Es ist eine langfristige Planung aufzustellen, in der die Eckdaten
   - Tests
   - Trainingslager und
   - Wettkämpfe einzuplanen sind.
2. Trainingslager im Frühjahr dienen zum Aufbau der Grundlagenausdauer (insbesondere Rad)
3. Die Regeln der detaillierten Trainingsplanung sind
   - 70 Prozent der Zeit im GA-Bereich
   - Mindestens 2 Ruhetage pro Woche
   - Trainings- und Regenerationswochen wechseln im 3:1-Rhythmus
   - Nur eine gezielte Einheit pro Tag
   - Aufsteigende Umfänge in Blöcken
   - Intensive Einheiten an den Anfang eines Blocks stellen
4. Die kurzfristige Trainingsplanung wird in 12-Wochen-Abschnitte unterteilt, nach jeder dieser Perioden werden die Erfahrungen und Eindrücke des Sportlers im neuen Plan verarbeitet.
5. Regeneration und Mentaltraining sind fest mit einzuplanen.
6. Den «richtigen» Trainingsplan gibt es nicht.
7. Ein Trainingsplan ist immer nur ein Teil zum Erfolg und kein Allheilmittel.

Regeneration

Obwohl durch die letzten beiden Kapitel der Eindruck entstehen kann, der Erfolg zum Ironman sei allein durch Trainingssteuerung und Trainingsplanung zu erreichen, messe ich der Regeneration einen mindestens gleichwertigen Anteil am Erfolg bei. Meine erreichten Resultate (gemessen am investierten Zeitaufwand) und meine langjährige verletzungs- und krankheitsfreie Wettkampfteilnahme führe ich hauptsächlich auf die ausgeprägten regenerativen Maßnahmen zurück.

Je besser das Prinzip von **Anspannung und Entspannung** ausgenutzt wird, um so größer sind die Leistungssteigerungen.

Bei vielen Sportlern wird dieses Prinzip gänzlich mißachtet, dem Körper werden täglich neue Trainingsreize zugemutet, ohne daß er die Gelegenheit hat, dies auch zu verarbeiten. Auch ich war in meinen Anfängerjahren der Überzeugung, daß mit dem eigentlichen Training ein leistungssteigernder Effekt herbeigeführt wird. Dem ist jedoch nicht so: Der Körper

Phasen der Regeneration

Phase	**Dauer nach Beendigung desTrainings**	**relevante Prozesse für LZA 4 (Langzeitausdauer über 6 Std.)**
frühe Phase	bis 6 Stunden	Abnahme von Herzfrequenz
		Abbau von Laktat (bei intensiveren Belastungen)
späte Phase	6–36 Stunden	Regeneration von Binde- und Stützgewebe
		Auffüllen v. Muskel- u. Leberglykogen
		Ausgleich verlorener Salze (Natrium, Kalium)
Phase der Superkompensation	2–5 Tage	Ausgleich verlorener Muskelenzyme Ausgleich verlorener Elektrolyte (Magnesium, Eisen) Superkompensation der Glykogenspeicher Neuaufbau von Struktureiweiß

wird durch das Training in ein Ungleichgewicht gebracht – **er wird geschwächt**!

Erst nach Beendigung der Belastung reagiert der gesunde Körper auf den Trainingsreiz mit vielfältigen und komplexen Anpassungsvorgängen. Der Körper ist bestrebt, das vor dem Training bestandene körperliche Gleichgewicht wiederherzustellen.

Diese Anpassungsvorgänge erfolgen jedoch **nur** dann, wenn wir unserem Körper ausreichend Gelegenheit dazu geben. Daher ist es unbedingt notwendig, Ruhephasen einzubauen sowie unterstützende Regenerationsmaßnahmen vorzunehmen.

Superkompensation

Unser Körper strebt mit seinem «Anpassungsprogramm» nicht nur den Normalzustand (Zustand vor dem Training) an, sondern besitzt die wunderbare Gabe, sich **über** das nötige Maß hinaus zu regenerieren. Er baut sozusagen vor für zukünftige, noch höhere oder längere Belastungen. Er sagt sich quasi «... heute wurde ich mit 8 km Laufen beansprucht, morgen könnten es mehr werden ...»

Diese «Vorsorge-Maßnahme» unseres Körpers wird häufig als **Superkompensation** bezeichnet. Ohne diese Eigenart des Körpers käme kein positiver bzw. leistungssteigernder Effekt nach dem Training zustande.

Aber Achtung: Das funktioniert eben nur bei ausreichender und gezielter Regenerationszeit!

Der Effekt der Superkompensation schwingt nach einer weiteren Zeitspanne wieder zurück, wenn nicht ein neuer Trainingsreiz gesetzt wird. Ziel eines jeden ambitionierten Sportlers ist es, den neuen Trainingsreiz auf dem höchsten Punkt der Superkompensation zu setzen.

Das Problem hierbei ist: Niemand weiß genau, wann «der Punkt» erreicht ist! Wir haben bereits gelernt, daß jeder Körper individuell ist, d. h., jeder Körper reagiert auch individuell auf die jeweiligen Trainingsreize. Daher existieren keine Tabellen o. ä., aus denen man ablesen könnte, daß z. B. der ideale Zeitpunkt für das nächste Training nach einer RGA 4 h-Einheit 18 Stunden später sein könnte. Die Betreuer von Spitzenathleten versuchen dem Problem mit täglichen Laktatmessungen und täglichen Blutanalysen (z. B. Harnstoff und CK Kreatinkinase) Herr zu werden. Für den Finisher gilt es, in sich hineinzuhören und auf die Körpersignale zu achten.

Wird der neue Trainingsreiz zu früh gesetzt, und hat der Körper nicht ausreichend Zeit für sein Anpassungsprogramm, dann stagniert das Leistungsniveau oder sinkt sogar, der Weg zum sogenannten Übertraining ist vorprogrammiert.

Regenerationsmaßnahmen in der Planung

Ruhemonat

Den sogenannten Ruhemonat haben wir bereits in der langfristigen Trai-

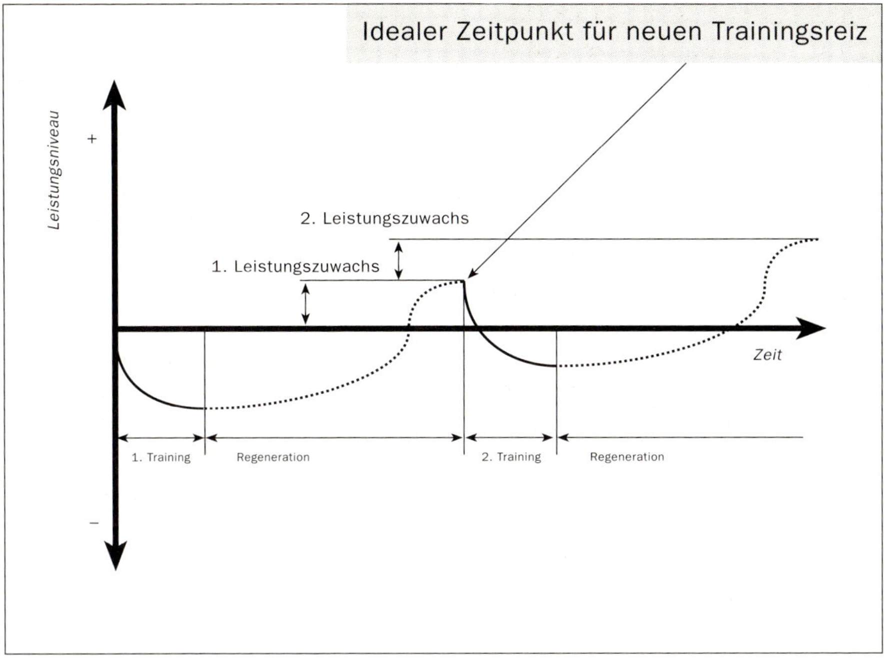
Idealer Zeitpunkt für neuen Trainingsreiz
Leistungsniveau
+
–
2. Leistungszuwachs
1. Leistungszuwachs
Zeit
1. Training
Regeneration
2. Training
Regeneration

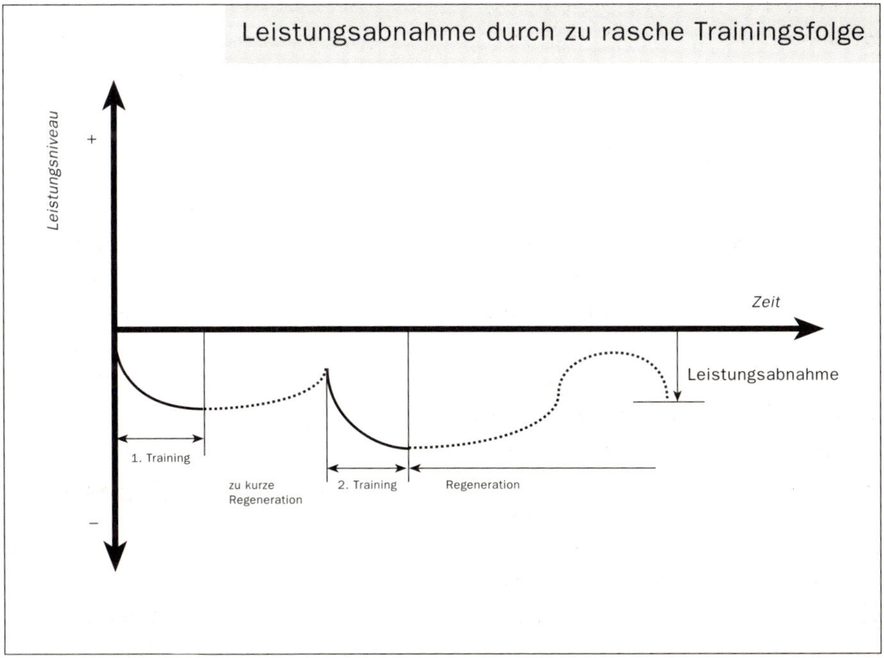
Leistungsabnahme durch zu rasche Trainingsfolge
Leistungsniveau
+
–
Zeit
Leistungsabnahme
1. Training
zu kurze
Regeneration
2. Training
Regeneration

ningsplanung berücksichtigt. Er dient primär dazu, den beanspruchten Sehnen, Bändern und Gelenken Gelegenheit zu geben, «mal Urlaub» zu machen. Auch für die Psyche ist es oft notwendig, etwas Abstand zu gewinnen vom Intensiv-Hobby Triathlon. Es ist Zeit für alles Liegengebliebene. Im Jahresverlauf bietet sich die Zeit um den November an, wenn der Zielwettkampf in den Sommermonaten liegt.

Regenerationswochen
Auch diese planerische Maßnahme haben wir in der kurzfristigen Planung umgesetzt. Die Trainingswochen lösen sich mit den Regenerationswochen im 3:1-Rhythmus ab. In den Regenerationswochen sind Umfänge und Intensitäten deutlich reduziert.

Ruhetage
Diese haben wir ebenfalls in die kurzfristige Planung mit einfließen lassen. Zwei Ruhetage können als ideal betrachtet werden. Ruhetag heißt: No swim, run or bike!!

Tägliche Kontrolle

Die morgendliche Kontrolle des Ruhepulses ist ein Indikator für den Zustand unseres Organismus. Nachdem der Schock vom Klingeln des Weckers verdaut ist, hält man, noch in der Horizontalen liegend, den Gurt des Pulsmessers an die Brust, schaltet die Uhr ein und liest die Herzfrequenz ab. Daher sollte der Aufbewahrungsort für den Pulsmesser der Nachttisch sein. Das Abtasten mit den Fingern an der Halsschlagader ist zu ungenau. Der gemessene Wert wird im Trainingsprotokoll notiert. Nach einigen Wochen weiß man seinen durchschnittlichen Ruhepuls.

Abweichungen von 3–4 Schlägen vom durchschnittlichen Ruhepuls sind als normal zu bezeichnen. Weicht der Ruhepuls jedoch 8 und mehr Schläge ab, kann dies folgende Gründe haben:

- Man hat am Vorabend zu tief ins Glas geschaut.
- Der Körper arbeitet an einem Infekt (z. B. Grippe).
- Die Trainingsreize der Vortage sind noch nicht verdaut.

Wichtig ist es, jetzt nicht einfach im Trainingsplan weiterzufahren, sondern so lange mit dem Training auszusetzen, bis der Ruhepuls wieder seinen Normalwert erreicht hat. Wenn der Körper z. B. durch das Bekämpfen eines grippalen Infektes geschwächt ist, sollten wir ihn nicht noch zusätzlich durch einen Trainingsreiz belasten. Da sich als erstes der Ruhepuls erhöht (er ist quasi ein Früh-Indikator für Krankheiten), kann es sein, daß Sie sich sonst pudelwohl fühlen. Warten Sie trotzdem ab, bis die Situation «geklärt» ist. Die ausgefallenen Trainingseinheiten sind in der Regel nicht nachzuholen, einzige Ausnahme bilden hier die Schlüsseltrainingseinheiten.

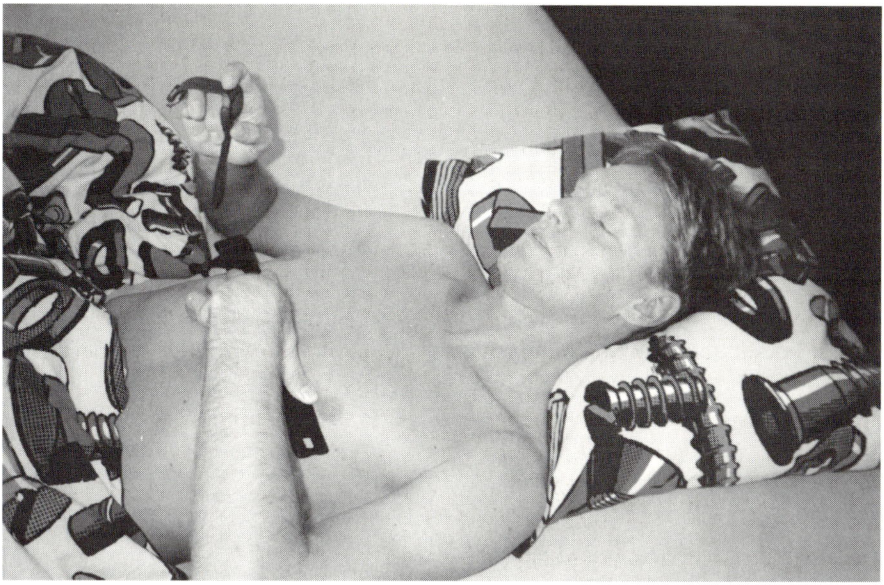

«Ruhepulskontrolle»

Regenerationsmaßnahmen nach Training und Wettkampf

Auslaufen und Stretching

Jede Trainingseinheit, unabhängig von der Disziplin, sollte am Schluß eine Cool-down-Phase enthalten. Das Tempo wird verringert, um die Einheit langsam ausklingen zu lassen. Beim Laufen können Sie dies durch Gehen auf den letzten 200–300 m machen. Anschließend erfolgt ein Stretching-Programm, bei dem die beanspruchten Muskelgruppen gedehnt werden.

Der «Minimal»-Stretch stellt das absolute Minimum dar, das nach jeder Lauf- und Radeinheit zu machen ist.

Der «Optimal»-Stretch ist ein erweitertes Programm, das ca. 20 Minuten benötigt und am besten an einem Ruhetag unterzubringen ist. Einmal pro Woche sollten alle wichtigen Muskelgruppen durch Dehnübungen gepflegt werden.

Der «Minimal»-Stretch

Nach jeder Lauf- oder Radeinheit!

Jede Dehnübung ca. 20 sec. halten (von 20–40 zählen), nur so weit, bis Sie mäßigen Widerstand verspüren, es dürfen keine stechenden Schmerzen auftreten!!!

Übungen 1, 2, 4, 5 und 6 jeweils rechtes und linkes Bein,

Übungen 1 und 2 jeweils 2mal.

1. Waden

2. vorderer Oberschenkel

3. hinterer Oberschenkel, Gesäß, Rücken

4. hinterer Oberschenkel, Gesäß (Ferse auflegen, z. B. Fenstersims)

5. Gesäßmuskulatur

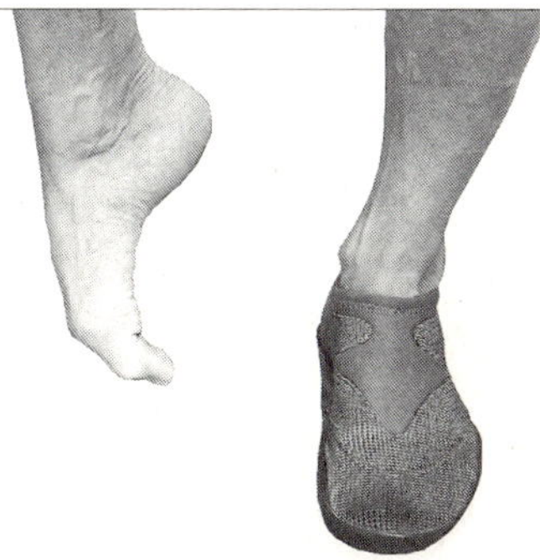

6. Zehen

Der «Optimal»-Stretch

Mindestens 1 x, besser 2 x pro Woche!

Jede Dehnübung ca. 20 sec. halten (von 20–40 zählen), nur so weit, bis Sie mäßigen Widerstand verspüren, es dürfen keine stechenden Schmerzen auftreten!!!

Übungen 3, 4, 5, 7, 8, 9, 10, 11, 13, 14, 15, 16, 18, 19, 20, 21, 24 jeweils rechts und links.

Übungen 10 und 11 jeweils 2mal.

1. Nacken

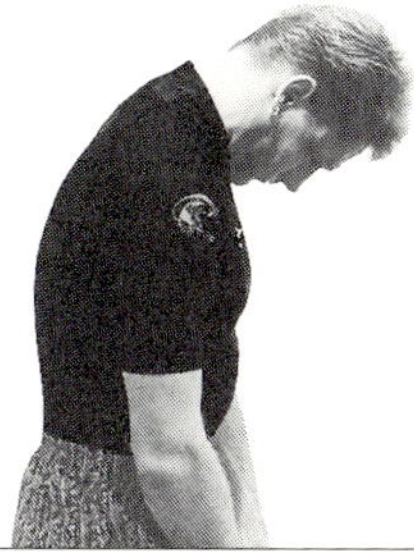

2. vorderer Hals

3. Halsmuskulatur

4. seitl. Rumpfmuskulatur

5. Trizeps

6. Schultergürtel

7. Schulter

8. Schulter und seitl. Rumpf

9. seitl. Rumpf und Rücken

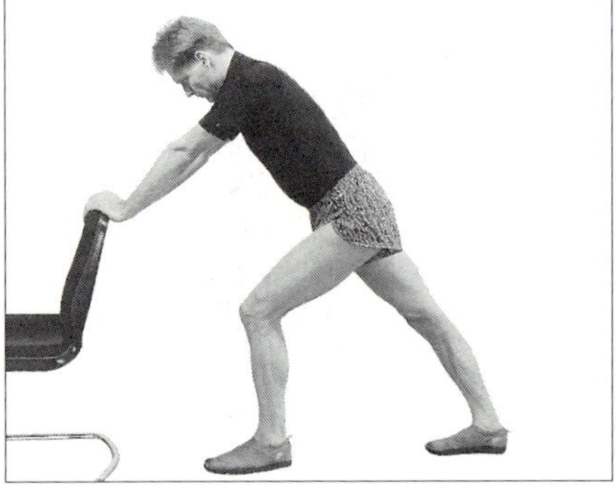
10. Waden

11. vorderer Oberschenkel

12. hinterer Oberschenkel, Gesäß, Rücken

13. hinterer Oberschenkel, Gesäß, Rücken

14. hinterer Oberschenkel, Gesäß (Ferse auflegen, z. B. Fenstersims)

15. Gesäßmuskulatur

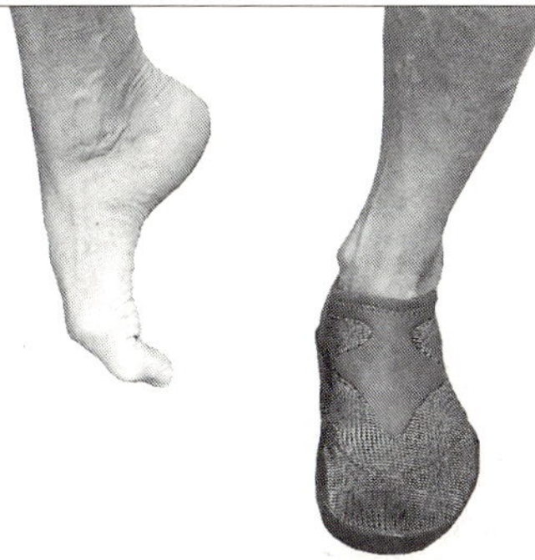

16. Zehen

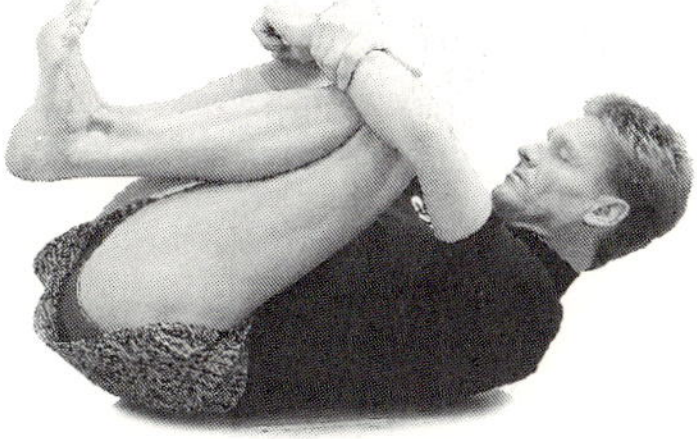

17. Gesäß, Oberschenkel

18. Gesäß, Oberschenkel

19. hinterer Oberschenkel

20. Gesäß, Rücken

21. Gesäß

22. innerer Oberschenkel

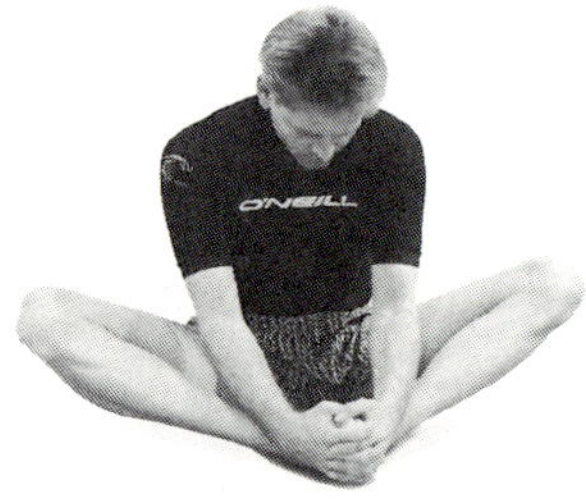

22. innerer Oberschenkel

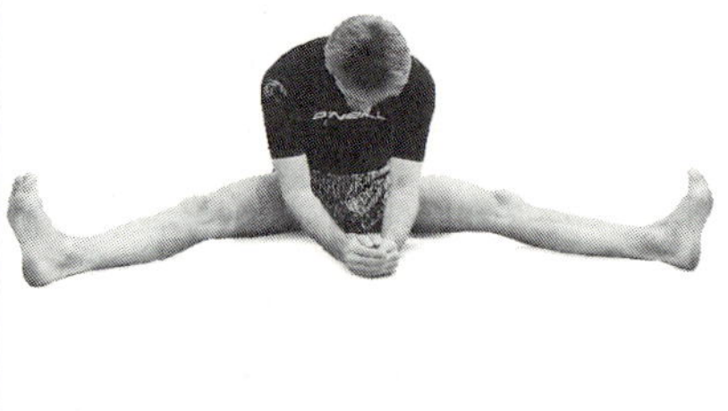

24. Leisten

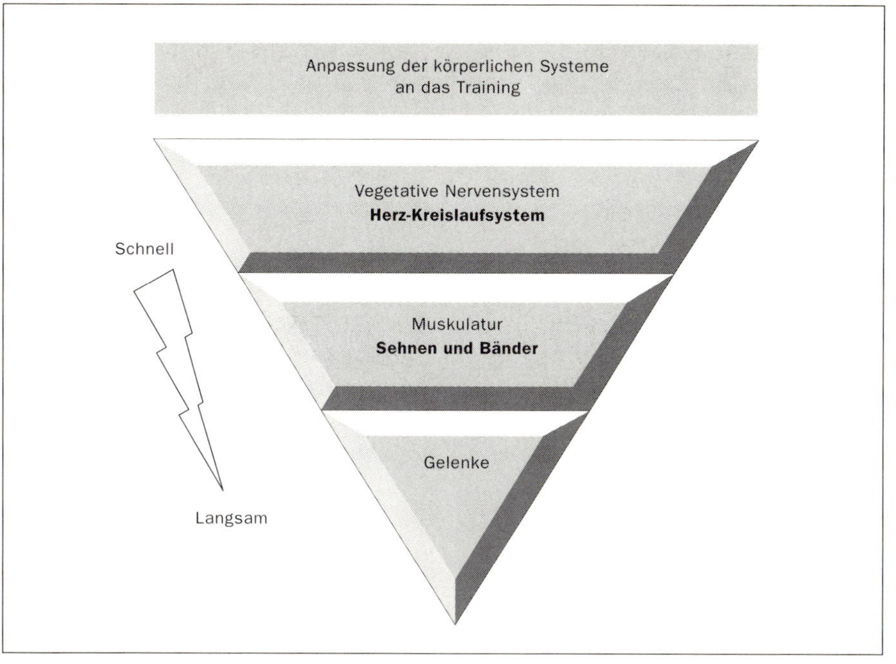

Die Wichtigkeit von Stretching wird auch an obiger Darstellung deutlich.

Wasser und Nahrung

Nach dem Cool-down und dem Stretching gilt es, den Wasserverlust auszugleichen. Als Kontrolle empfiehlt sich das Wiegen unmittelbar vor und nach dem Training. Ein kleiner Snack aus vorwiegend mittel- bis langkettigen Kohlenhydraten, z. B. 2–3 Scheiben Vollkornbrot mit Marmelade/Honig oder eine Schale Haferflocken mit Joghurt oder Kefir, zusätzlich Obst, erleichtert dem Körper die Regeneration. Idealer Zeitpunkt ist ca. 20–30 Minuten nach dem Training.

Massage und Sauna

Ruhetage eignen sich hervorragend für gezielte Maßnahmen wie Massage und Sauna.

Eine therapeutische Massage ist eine Serie von speziellen Handgriffen, die auf das Bindegewebe des Körpers angewendet werden, um einen positiven Einfluß auf den Kreislauf, das Muskelsystem und das Nervensystem zu erreichen. Die Massage nach dem Training oder Wettkampf fördert die Entschlackung und hilft, Spannungen und Muskelreizungen zu verhindern. Ich selbst gehe einmal pro Woche zur Massage und kombiniere dies noch mit 2–3 Saunagängen. Ich fühle mich hinterher «pudelwohl» und voller Energie.

Der Gang in die Sauna ist nur sinnvoll, wenn dies regelmäßig geschieht. Es hat keinen Sinn, «mal» in die Sauna zu gehen, oder etwa nur in den Wintermonaten, um Erkältungen vorzubeugen. Das funktioniert nur, wenn der Saunagang für den Körper etwas «Normales» ist. Wer Sauna als eine seiner Regenerationsmaßnahmen wählt, der sollte auch im Sommer wenigstens jede zweite Woche die Sauna aufsuchen. Altes finnisches Sprichwort: «Sauna vertreibt die bösen Geister.»

Meditation / Mentaltraining / Visualisierung

Die «Visualisierung», wie im zweiten Kapitel beschrieben, kann nicht nur zur Verankerung einer Zielvorstellung dienen, sondern auch rein zur Entspannung. Die Vorgehensweise ist identisch, jedoch lenken wir unsere Gedanken nicht aktiv auf eine Zielvorstellung (z. B. Finish des Ironman), sondern lassen den Gedanken freien Lauf.

Wer Zeit und Interesse hat, sollte mit einem Kurs für Meditation / Mentaltraining seine Fähigkeiten vertiefen. Die regelmäßige Anwendung der Meditation hat nicht nur einen regenerativen Effekt auf die Physis, sondern auch auf die Psyche.

Quick Facts

1. Ohne ausreichende Regeneration kommt kein positiver Trainingseffekt zustande.
2. Die Regenerationsmaßnahmen wie
   - Ruhemonat
   - Regenerationswochen
   - Ruhetage
   - Stretching
   - Massage & Sauna
   - Meditation

   sind aktiv in den Trainingsplan mit einzubauen, da sonst diese Maßnahmen vernachlässigt werden.
3. Die Erfassung und Kontrolle des Ruhepulses ist neben dem «Hineinhören» in den Körper der einzige objektive Indikator für den Zustand des Körpers.
4. Bei erhöhtem Ruhepuls sollte mit dem Training ausgesetzt werden.

Die Disziplinen im einzelnen

Mir geht es in diesem Kapitel darum, Ihnen alle die kleinen Tips und Details zu vermitteln, die das Leben eines Triathleten um einiges leichter machen. Es wird auch das eine oder andere triathletische Utensil erörtert, da unser Sport ohne dies nicht auskommt.

Erste Disziplin – Schwimmen

Das Schwimmen unterscheidet sich von den anderen beiden Disziplinen erheblich. Es ist primär technikbetont und deswegen auch nicht gerade die Lieblingsdisziplin vieler Sportler. Auf das Rad setzen und treten oder die Laufschuhe anziehen und laufen, das kann jeder ziemlich schnell einmal, aber Schwimmen eben nicht. Bei Einsteigern und speziell bei den «Noch-nicht-Triathleten» ist das Schwimmen meist der größte Hemmschuh, und allzuoft hört man die Aussage: «… wenn nur das Schwimmen nicht wäre …»

Es gehört nun mal dazu, und man sollte aus der Not eine Tugend machen. Wie war das noch? Im Kopf fängt's an! Wenn Sie sich mental schon eine Hürde aufbauen, wie soll sich dann Ihr Körper mit dem nassen Element anfreunden?

Der Schwimmstil
Zur Auswahl stehen Brustschwimmen und Crawl-Stil. Es ist für das einmalige Finishen eines Ironman nicht zwingend notwendig, den Crawl-Stil zu erlernen – es geht auch ohne. Bei den Ironman-Veranstaltungen kann man immer sehr schön beobachten, daß sich im Feld die langsamen «Crawler» mit den schnellen Brustschwimmern bunt vermischen. Für den potentiellen Finisher geht es ja primär darum, die Distanz von 3,8 km zu bewältigen, und das geht mit beiden Schwimmstilen. Es ist unbestritten, daß es mit dem Crawl-Stil einfacher, eleganter, kraftsparender geht, wenn man die Technik halbwegs im Griff hat. Ebenso wird beim Crawl die Beinmuskulatur fast nicht beansprucht, was natürlich von erheblichem Vorteil für die nachfolgenden Disziplinen ist.

Man könnte einen Entscheid am besten so fällen:

Für den **einmaligen** Finisher ohne Schwimmerfahrung und ohne weitere Triathlon-Ambitionen ist das Brustschwimmen ideal. Wer jedoch Triathlon einige Jahre ausüben möchte, dem empfehle ich, relativ rasch das Crawlen zu lernen.

Das Training

Setzen Sie auf die Technik! Die Ausdauer des Herz-Kreislauf-Systems können Sie in den anderen beiden Disziplinen trainieren. Wenn Sie nicht genug Luft haben oder schnell ermüden, ist Ihr Schwimmstil unökonomisch, und Sie müssen an der Technik arbeiten und nicht Kraft im Fitness-Center trainieren. Beim Schwimmen verzichte ich auf den Einsatz des Pulsmessers, da es nicht um unterschiedliche Trainingsintensitäten geht, sondern ausschließlich um das Erlernen einer effektiven und kraftsparenden Technik. Außerdem stört mich der Gurt, und wenn ich mich auf den Stil konzentriere, habe ich keine Chance, auf die Pulsuhr zu schauen.

Zuallererst müssen Sie sich mit dem Wasser anfreunden. Lernen Sie im Wasser zu liegen, auf dem Rücken, auf dem Bauch und auf der Seite – Sie können nicht untergehen, also müssen Sie beim Schwimmen auch keine hastigen Bewegungen ausführen. Die Bewegungen sind immer kontrolliert, kraftsparend und langsam.

Das Wassergefühl

Das Wichtigste ist, das «Wassergefühl» an den Innenflächen der Hände zu erlangen.

Die Handflächen müssen frei von Fett und Cremes sein. Es reicht meist schon, daß Sie sich beim Duschen vor dem Schwimmen mit den Händen durch die Haare fahren, das Fett bleibt an den Innenflächen der Hand kleben und macht es Ihnen unmöglich, das Wasser zu «fühlen» und zu «fassen». Abhilfe: Haben Sie in Ihrem Schwimmrucksack eine Dose mit Handwaschpaste (wie sie die Automechaniker benutzen, mit feinen Körnern) und waschen damit die Hände, direkt bevor Sie in das Becken gehen. Ihre Handflächen werden so optimal sensibilisiert.

Übungen für das Wassergefühl

1. Legen Sie eine Handfläche auf das Wasser, und ziehen Sie sie langsam nach oben, beobachten Sie, wie das Wasser an der Hand haftet. Spielen Sie mit dem Wasser, versuchen Sie es zu greifen.
2. Schwimmen Sie mit **Tennisbällen**. Nach der Einschwimmphase schwimmen Sie 200 m mit Tennisbällen in den Händen und danach 200 m ohne. Dann wieder wechseln etc. Während Sie mit den Bällen in den Händen schwimmen, haben Sie das Gefühl, überhaupt nicht vorwärtszukommen. Versuchen Sie dennoch, saubere Bewegungen zu machen und Ihre Wasserlage stabil zu halten. Wenn Sie dann ohne Bälle schwimmen, haben Sie das Gefühl, riesige Handflächen zu besitzen, und der Druck an den Händen ist sehr viel größer. Ihre Handflächen sind jetzt optimal sensibilisiert, achten Sie genau auf das Gefühl an den Händen, so sollte

es immer sein. Sie haben zwar auch das Gefühl, daß Sie so viel mehr Kraft brauchen, aber mit der Dauer erlangen Sie dies automatisch.

3. Zählen Sie die Armzüge pro Bahnlänge. Ziel ist es, die Anzahl der Züge zu senken. Je weniger Züge Sie brauchen, um so effektiver ist Ihr Schwimmstil. Gute Schwimmer benötigen bei Stilübungen für eine 25-m-Länge nur etwa 10–13 Armzüge.
4. Machen Sie am Beginn jeder Schwimmeinheit die folgenden 3 «**Paddleübungen**», je 50–100 m.

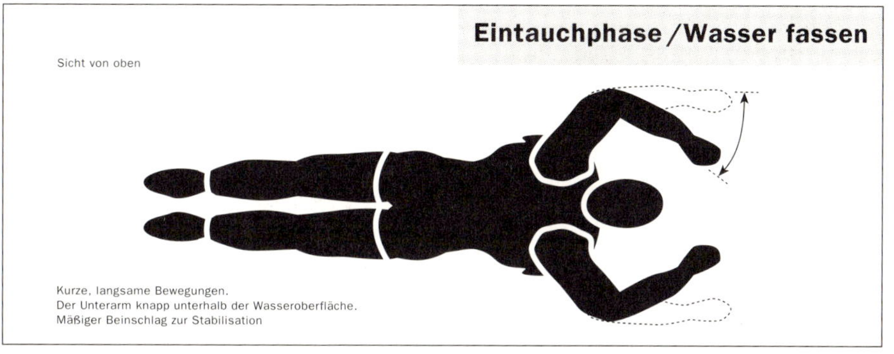

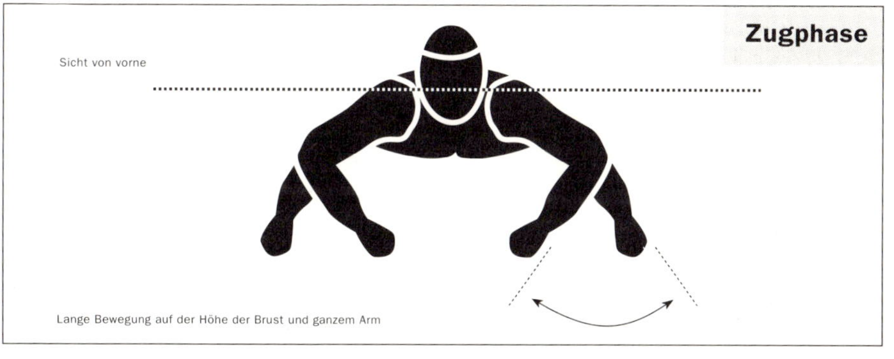

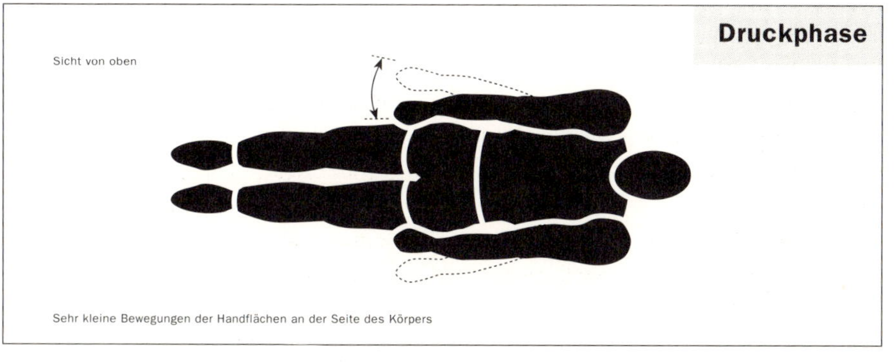

Die Atmung

Sollten Sie nicht genug Luft bekommen, liegt das normalerweise nicht an Ihrer scheinbar mangelnden Kondition, sondern an falscher Atemtechnik. Entscheidend ist, daß die eingeatmete Luft nahezu komplett unter Wasser ausgeatmet wird. Viele Anfänger machen den Fehler und halten, während der Kopf unter Wasser ist, die Luft an, die Zeit, wenn der Mund über die Wasseroberfläche kommt, reicht dann nicht mehr aus, um komplett auszuatmen und ausreichend Luft einzuatmen. Die Bewegungen werden hektisch und unkontrolliert.

Atmen Sie komplett unter Wasser aus. Sofort nach dem Einatmen, wenn Ihr Kopf wieder nach vorne gerichtet ist, blasen Sie die Luft aktiv aus. Stellen Sie sich vor, Sie wollten das Wasser vor sich «wegpusten». Wenn Sie den Kopf wieder zur Seite heben, um Luft zu holen, haben Sie bereits fertig ausgeatmet. Sie können dies am Beckenrand ohne Schwimmbewegungen ideal einüben.

Konzentration

Beim Radeln und Laufen kann man getrost die Gedanken schweifen lassen, da man ja nicht darauf achten muß, was man gerade tut. Die Prozesse sind einfach und laufen mehr oder weniger automatisch ab, ähnlich wie beim Autofahren. Beim Schwimmen ist dies gänzlich anders. Es eignet sich hervorragend als Konzentrationsübung über einen längeren Zeitraum (ca. 20–40 Min.). Also lernen Sie sich zu konzentrieren, achten Sie immer auf das Gefühl an den Handflächen, denn es sind nur diese paar Quadratzentimeter, die Sie vorwärtsbringen (der Beinschlag sollte eher vernachlässigt werden und nur dem Ausgleich der Körperlage dienen, damit die Beinmuskulatur geschont wird). Stellen Sie sich permanent die Frage: «Habe ich optimalen Druck und Widerstand an den Händen, oder ziehe ich die Arme eher ‹leer› und uneffektiv durch das Wasser?» Gerade bei längeren Schwimmeinheiten neige ich dazu, mit dem Stil zu «schludern», dies ist jedoch keine Ermüdungserscheinung, sondern liegt an mangelnder Konzentration.

Korrektur der Technik

Das Hauptproblem, das es zu bewältigen gilt, ist die «Blindheit» des Schwimmers, d. h., Sie können Ihre Technik nicht selber beobachten und entsprechende Korrekturen vornehmen. Beim Radfahren kann man selbst beobachten, wie z. B. die Knie am Oberrohr vorbeigeführt werden, beim Laufen kann man das Aufsetzen des Fußes selber beobachten. Aber beim Schwimmen können wir die wichtigen Phasen (Wasserlage, Armzug über/unter Wasser etc.) selber nicht erkennen. Um hier Abhilfe zu schaffen und gleich zu Beginn einen richtigen Stil anzueignen (ist ein Fehler erst automatisiert, ist die spätere Korrektur sehr mühsam), rate ich zu folgendem:

Der Schwimmtrainer

Nehmen Sie sich einen persönlichen

Schwimmtrainer. Die Investition ist nicht so groß, und es lohnt sich. Buchen Sie Ihren Schwimmtrainer den ganzen Winter alle 14 Tage einmal für 30–40 Minuten. Er wird jeweils Ihren Stil analysieren und Ihnen entsprechende Übungen (Hausaufgaben) zeigen, die Sie dann in den anderen Trainingseinheiten umsetzen können. Ich ziehe diese Variante dem Training in der Gruppe vor, denn je nach Gruppengröße kommt die individuelle Betreuung durch den Trainer zu kurz. Häufig mutieren die Schwimmtrainings in der Gruppe zu munteren Plauderstündchen am Beckenrand mit gelegentlichen Schwimmeinlagen. Die Geselligkeit ist ganz schön und gut, aber solche Trainings sind nicht effektiv und rauben Ihnen wertvolle Zeit. Eine geeignete Person für Ihr privates Schwimmtraining sollten Sie in Ihrem örtlichen Hallenbad finden können. Erkundigen Sie sich beim Bademeister oder beim Schwimmclub. Gerne verdienen sich gute junge Schwimmer ein Taschengeld dazu.

Ziehen Sie unbedingt das Hilfsmittel **Video** in Betracht. Wenn Sie mal den ersten Schock beim Betrachten Ihrer selbst im Wasser verdaut haben, können Sie viel dadurch lernen.

Trainingsprogramme

Es gibt Tausende Varianten, das Schwimmtraining zu gestalten. Ich bin bisher immer sehr gut damit gefahren, das Training unter ein bestimmtes Motto zu stellen, wie z. B. Atmung, Technik, Distanz usw. Als Beispiel folgen einige dieser Trainingsprogramme:

Schwimmtraining Technik

Distanz	Stil / Übung	Betonung
300m	Einschwimmen im wechselnden Stil (Brust, Rücken, Crawl)	locker
je 50m	Paddleübungen 1, 2 und 3 **alternative Superübung:**	ruhige Bewegungen **mit Tennisbällen schwimmen!!**
300m	Crawl mit Pullboy	Armzug, Gefühl an Handflächen
200m	Beinschlag mit Brett	
je 100m	Einarmzug rechts, links, abschlagen	Armzug
100m	Beinschlag mit Brett	
200m	Crawl mit Pullboy	locker Ausschwimmen

Schwimmtraining Atmung

Distanz	Stil / Übung	Betonung
300m	Einschwimmen im wechselnden Stil	locker
	(Brust, Rücken, Crawl)	
je 50m	Paddleübungen 1, 2 und 3	ruhige Bewegungen
je 50m	2er Atmung li & re	
	3er Atmung	
	4er Atmung	
	5er Atmung	
	4er Atmung	
	3er Atmung	
	2er Atmung	
200m	Beinschlag mit Brett	Kopf im Wasser
200m	Crawl mit Pullboy	locker ausschwimmen

Schwimmtraining Ausdauer

Distanz	Stil / Übung	Betonung
150m	Einschwimmen im wechselnden Stil	locker
	(Brust, Rücken, Crawl)	
je 50m	Paddleübungen 1, 2 und 3	ruhige Bewegungen
5 x 300m (1. Woche)	Crawl	
5 x 400m (2. Woche)		
5 x 500m (3. Woche)		

Material
Das wichtigste Utensil ist die **Schwimmbrille.** Ohne die geht es nicht, jegliche Orientierung unter sowie über Wasser wird nahezu unmöglich. Die wichtigsten zwei Anforderungen an die Brille sind:

1. Sie muß dicht sein und darf nicht lecken. Es raubt Ihnen eine gehörige Portion Ihrer wertvollen Konzentration, wenn ein oder gar beide Gläser permanent mit Wasser vollaufen. Hier gibt es nur eins: Probieren Sie so lange, bis Sie Ihr passendes Modell gefunden haben. Mit der richtigen Brille darf dieses Thema kein Thema mehr für Sie sein.
2. Sie muß klare Sicht bieten und darf nicht anlaufen. «Anti-fog» schimpfen die Brillen sich fast alle, aber funktionieren tut das höchstens bei der Hälfte der Modelle. Auch sind die Beschichtungen der Gläser innen teils sehr empfindlich, also reiben Sie nach dem Schwimmen die Gläser nicht mit dem rauhen Handtuch trocken.

Das zweite Utensil ist der **Neopren (Kälteschutzanzug).** Es gibt ca. 15–20 verschiedene Fabrikate am Markt. Der Konkurrenzkampf der letzten Jahre hat dazu geführt, daß nahezu alle angebotenen Modelle mehr oder weniger brauchbar sind. Waren vor 10 Jahren die Neos noch sehr steif, werden heute elastischere Materialien verwendet. Diese bieten die Vorteile von extremer Bewegungsfreiheit, speziell an den Armen, und von erhöhtem Auftrieb, was zwangsläufig zu besseren Schwimmzeiten führt. Achten Sie beim Kauf Ihres Neoprenanzuges auf gute und angenehme Paßform. Probieren Sie den Anzug unbedingt im Wasser und vereinbaren mit dem Händler ein befristetes Rückgaberecht.

Schwimmen in offenen Gewässern
Haben Sie Ihren Neo und beherrschen den Schwimmstil zu Ihrer Zufriedenheit, dann sollten Sie auch das Schwimmen in offenen Gewässern üben, da alle Schwimmstrecken der Ironman-Veranstaltungen entweder in Seen (Zürich, Roth, Kanada, Japan) oder im Meer (Lanzarote, Australien, Neuseeland, Hawaii) stattfinden. Ebenfalls sind die meisten Schwimmstrecken von Kurz- und Mitteldistanzen im deutschsprachigen Raum in Seen.

1. Tragen Sie immer eine weiße oder rote Badekappe, Sie sind so für Boote besser auszumachen (Bestimmung des internationalen Seerechts).
2. Sind Sie noch unsicher, schwimmen Sie in Begleitung eines geübten Schwimmers, oder lassen Sie sich von einem Boot begleiten. Zumindest sollte jemand am Ufer Sie beobachten und im Notfall Hilfe holen können. Für das Zeichen «Seenot» müssen Sie mit den Armen über Kreuz winken.
3. Machen Sie sich vorher immer mit den örtlichen Besonderheiten (Strömungen, Hindernisse, Wehre, Stromschnellen, Strudel etc.) ver-

Der Blick nach vorn.

traut. Fragen Sie Segler oder andere geeignete Personen.

4. Lernen Sie sich zu orientieren. Schwimmen Sie nie einfach ziellos umher, sondern peilen Sie immer ein Ziel (Boje, Bootssteg, Haus etc.) an. Das Ziel sollte kein «bewegliches» sein (Boot, Auto am Ufer, etc.), sondern ein festes. Legen Sie sich selbst eine Art fiktive Schwimmstrecke zurecht.
5. Für die einwandfreie Orientierung ist es notwendig, daß Sie den Armzug mit dem Kopf über Wasser beherrschen. Dies ist auch für den Wettkampf sinnvoll, denn wenn Sie jedesmal um etwas zu sehen Ihren Schwimmstil unterbrechen müssen, kommen Sie aus dem Rhythmus und behindern ggf. Schwimmer hinter Ihnen. Der Blick nach vorne zum Anpeilen eines Zieles muß sich harmonisch in die sonstigen Bewegungen einfügen.

Zweite Disziplin – Radfahren

Die meiste Zeit in Ihrem Ironman verbringen Sie auf dem Rad. Dies sollte sich auch in Ihrem Training widerspiegeln. Eine Bitte vorab:

Fahren Sie immer mit Helm, auch wenn es nur zum Einkaufen oder Testen des Rads ist. Der Helm ist das

Radfahren bitte immer mit Helm!

wichtigste Utensil beim Radfahren – er sollte absolut passen und in Qualität und Verarbeitung das Beste sein, was Sie bekommen können.

Sitzposition

Ein alter Spruch aus der Werbung trifft auch für das Radfahren zu: «Reintreten und sich wohl fühlen.» Damit Sie sich auf Ihrem Renner wohl fühlen können, bedarf es einiger Zeit des Ausprobierens und Testens, bis die ideale Position auf dem Rad erreicht ist. Verzweifeln Sie nicht, wenn es nicht gleich auf Anhieb klappt, auch wird sich Ihre Position im Lauf der Jahre vermutlich leicht verändern, so liegen z. B. in meinem Keller einige Vorbauten, Sattelstützen und Lenkeraufsätze herum. Ihr Radhändler wird Sie sicher bei der Ersteinstellung beraten. Später ist allein Ihr Gefühl maßgebend, lassen Sie sich nicht von anderen Personen erzählen, wie Sie auf dem Rad zu sitzen haben. Sie sollten sich auch noch nach 120–150 km auf Ihrem Renner wohl fühlen, wenn Sie permanent auf dem Sattel von vorne nach hinten und umgekehrt rutschen, dann stimmt Ihre Position nicht.

Es gibt eine grobe Richtlinie für die Einstellung der Sitzposition, die man zur Orientierung zu Rate ziehen kann. Entscheidend sind alleine die drei Auflagepunkte des Körpers und deren Abmessungen in bezug zueinander:

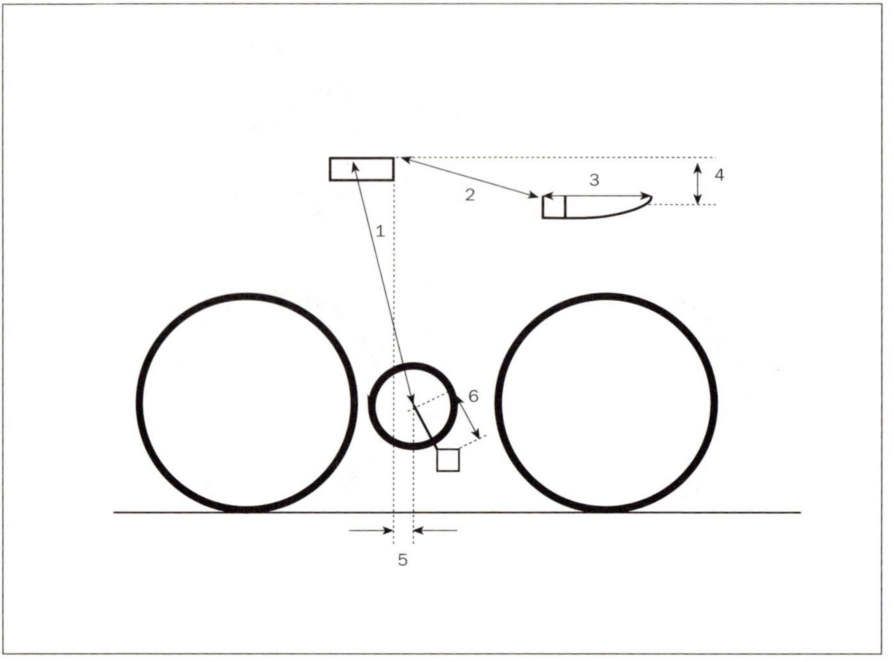

1 = Sattelhöhe, gemessen von Mitte Tretlager bis zur Oberkante Sattel an der Stelle, wo die Beckenknochen zu sitzen kommen
2 = Distanz von Sattelnase bis zur Mitte der Armauflagen (Pads)
3 = Distanz von Mitte Armauflage bis zur Stelle, wo die Hand den Aerolenker greift
4 = Sattelüberhöhung, d. h. Oberkante Sattel zu Oberkante Armauflage
5 = Lot von der Sattelnase, dann Distanz zur Tretlagermitte
6 = Kurbellänge (ist der Beinlänge anzupassen, Händler fragen)

- der Sattel
- die Armauflagen und
- die Pedale

Notieren Sie sich diese Maße zur Kontrolle, für Veränderungen und wenn Sie einmal ein anderes Rad fahren müssen nach dem Schema oben.

Sie verfügen so über die nötigen Anhaltspunkte, um Ihre Position jederzeit einzustellen und zu optimieren. War vor 10 Jahren die Bandbreite der verschiedenen Sitzpositionen noch beliebig groß, so gibt es heute zur groben Orientierung einen «Standard». Man versucht den Athleten idealerweise wie auf Seite 147 auf dem Rad zu positionieren.
Am besten kontrollieren Sie diese Einstellungen vor dem Spiegel und spannen das Rad in eine mobile Rolle

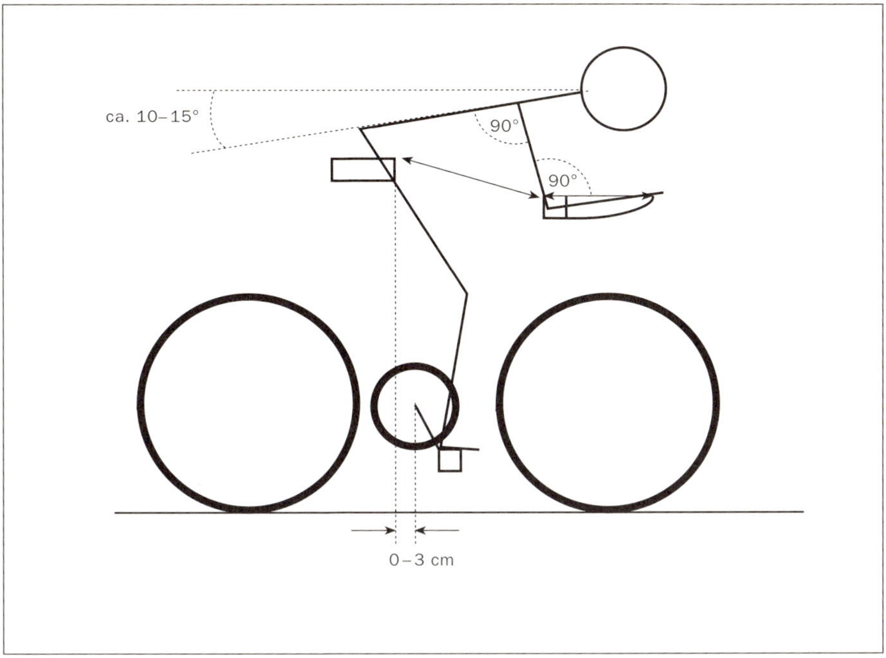

ein oder lassen sich von einem Freund halten.

Material: 26″ oder 28″, Draht- oder Schlauchreifen?

Diese Diskussionen um technische Feinheiten möchte ich gerne den Fachmagazinen überlassen. Tatsache ist, daß Sie bei allen Rädern treten müssen, und für den Vortrieb sind nun mal Ihre Beine und deren Trainingszustand bestimmend. Mit technischem «Schnickschnack» hat noch keiner einen Triathlon gewonnen, und da es Ihnen in erster Linie mal um das Finishen geht, verschwenden Sie nicht zuviel Zeit für dieses Thema.

Außer dem Trend zum 26″-Renner grassiert die Leichtbaumanie. An sämtlichen Teilen des Velos wird versucht Gewicht zu sparen. Hier kann der Triathlet «Geld ohne Ende» ausgeben – für ein paar edle Leichtbauteile sind schnell mal 2000–3000 Mark ausgegeben. Ob Sie sich diesem hingeben sollen oder wollen, hängt primär von Ihrem Geldbeutel ab. Einen *entscheidenden* Vorteil können Sie sich nicht kaufen, mit einer Ausnahme:

Die Laufräder

Da es sich bei den Laufrädern eines Rennrades um *dynamisch* bewegte Masse handelt, werden einige Gramm bei entsprechender Umdrehungszahl schnell zu einem Vielfachen. Daher lohnt sich der Kauf von leichten und aerodynamischen Laufrädern auf jeden Fall. Etabliert haben sich in der letzten Zeit die sog. Tiefbettfelgen. Hier gibt es qualitativ und gerade auch gewichtsmäßig enorme Unterschiede. Trauen Sie nicht den Prospekten, sondern wiegen und vergleichen Sie die Laufräder *vor* dem Kauf. Die besten Erfahrungen habe ich mit einer Scheibe (850 g) hinten und einem Vierspeichenrad (700 g) vorne gemacht. Bestückt habe ich diese mit Schlauchreifen.

Noch zwei Tips:

- Wenn Sie Schlauchreifen fahren, dann kleben Sie auf Ihre Gaspatrone eine Klinge, mit der Sie im Fall eines Platten den kaputten Reifen aufschneiden und besser abziehen können.
- Pumpen Sie Ihre Reifen immer mit dem aufgedruckten maximalen Druck (z. B. Conti Competition GP = 12 bar) auf. Sie haben zwar so etwas weniger Fahrkomfort, aber sie erhöhen so Ihre Pannensicherheit enorm. Ich hatte in meinen ganzen Wettkämpfen bisher erst 2 Reifenpannen. Zufall??

Das Rad-Training im Winter und auf der Rolle

Da unsere Breitengrade dadurch gekennzeichnet sind, daß man ca. 10 von den 12 Monaten mit langen Radhosen unterwegs sein muß, gilt es, sich diesen Gegebenheiten anzupassen.

1. Wählen Sie Ihre Bekleidung sorgfäl-

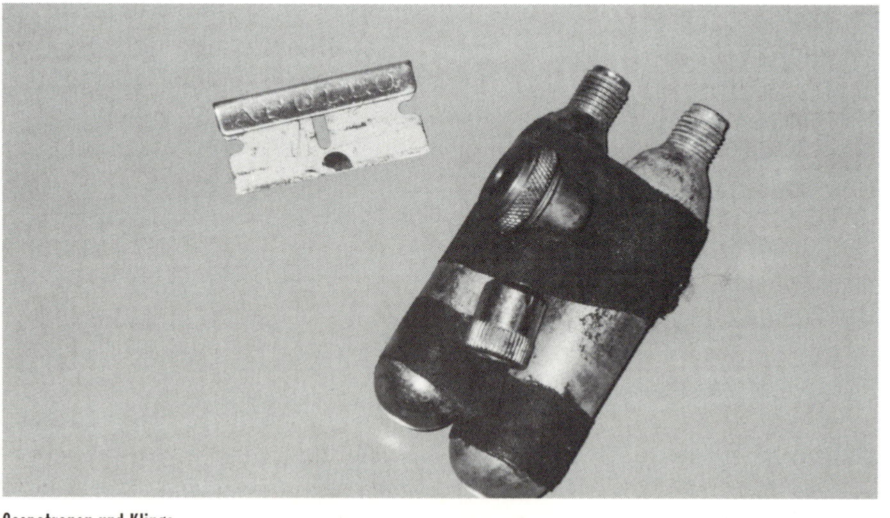

Gaspatronen und Klinge ...

... zum Aufschneiden von defekten Schlauchreifen

tig aus, d. h. Klimaunterwäsche und atmungsaktive Trikots und Jacken. Sinken die Temperaturen unter 20–18 °C, sollten Sie mit langen Hosen unterwegs sein. Lassen Sie sich in den Übergangszeiten nicht von der Sonne verleiten, denn mit dem Fahrtwind sinkt die effektive Temperatur auf der Haut und speziell an den Knien nochmals um einige Grad. Wollen Sie gesund bleiben, fahren Sie in «lang», auch wenn Sie der einzige sind.

2. Bei weiter sinkenden Temperaturen können Sie das Rennrad auch gegen das Mountainbike austauschen, die Geschwindigkeiten sind dann etwas niedriger, und Sie kühlen durch den geringeren Fahrtwind weniger schnell aus.
3. Ist es gar zu kalt, hilft nur noch die Rolle bzw. der Hometrainer, stark in Mode gekommen sind auch die sog. Spinning-Bikes, bei denen mittels eines Schwungrades der «runde Tritt» effektiv geschult werden kann. Es ist zwar keine angenehme Sache, im Keller oder Fitnesscenter sich schwitzend abzurackern, aber Sie können so wenigstens einen Teil Ihres schlechten Gewissens beruhigen. Durch Radio oder TV können Sie sich die Sache etwas angenehmer machen, da sonst ein Training auf der Rolle ziemlich nervtötend ist. Sind Sie sich darüber im klaren, daß das Training auf der Rolle kein vollwertiger Ersatz für das GA-Training auf der Straße sein kann. Der Hauptunterschied besteht in der Intensität. Auf der Straße erledigt zu ca. 40–50 Prozent der Freilauf die Fahrt durch die von Ihnen in Schwung gebrachte Masse. Bei der Rolle jedoch gibt es keinen Freilauf, und Sie müssen zu 100

Prozent der Zeit den vollen Widerstand überwinden, um die Kurbeln zu drehen. Es leuchtet ein, daß ein Training auf der Rolle die Muskulatur wesentlich intensiver beansprucht. Es ist daher ratsam, die Herzfrequenzen für ein «Ersatz»-GA-Training auf der Rolle um ca. 5–10 Pulsschläge von der normalen GA-Herzfrequenz (HF) zu senken. Beispiel: Mein aktueller HF-Bereich für das GA-Training ist 115–135, auf der Rolle trainiere ich in der Regel mit einer HF um die 105–100 Schläge.

Für das kraft- und technikbetonte Rad-Training ist die Rolle und gerade auch der Spinner ein hervorragendes Gerät. Als Idee für ein halbwegs abwechslungsreiches Training dienen die beiden folgenden Programme:

Trainingsprogramm Rad

Rollentraining (trittfrequenzorientiert)

Bezeichnung: RT
Anwendung: Im Winter und zur Technikentwicklung «runder Tritt»
Intensität: RGA bis RGA+ 35 Pulsschläge
Gerät: Radergometer bis 400 Watt
alternativ Spinning-Bike
(sehr effektiv für Techniktraining analog Starrlauf)
Achtung, RT ist niemals vollwertiger Ersatz für RGA-Training (Grundlage)
Art: Dauerleistung mit wechselnden Intensitäten
Programm: **1. Teil**
20 Min. Aufwärmen (RGA-10)________ TF 90–100
2. Teil (Hauptteil)

Zeit in Min	10	10	5	5	3
Puls	RGA – 5	RGA	RGA+10	RGA+20	RGA+30
Trittfrequenz	100	110	120	100	120

3. Teil
15 Min. Ausfahren (RGA) TF 90–100

4. Teil
10 Min. Minimal-Stretch

Betonung: Möglichst locker, nicht auspowern!!!

Trainingsprogramm Rad

Rollentraining (kraftorientiert)

Bezeichnung: RT

Anwendung: Im Winter und zur Technikentwicklung «runder Tritt»

Intensität: RGA bis RGA+ 35 Pulsschläge

Gerät: Radergometer bis 400 Watt
alternativ Spinning-Bike
(Sehr effektiv für Techniktraining analog Starrlauf)
Achtung: RT ist niemals vollwertiger Ersatz für RGA Training (Grundlage)

Art: Dauerleistung mit wechselnden Intensitäten

Programm: **1. Teil**
20 Min. Aufwärmen (RGA-10) TF 90–100
2. Teil (Hauptteil)

Zeit in Min.	10	10	5	5	3
Puls	RGA+5	RGA+10	RGA+20	RGA+15	RGA+20
Trittfrequenz	100	90	80	70	60

3. Teil
15 Min. Ausfahren (RGA) __________ TF 90–100
4. Teil
10 Min. Minimal-Stretch

Betonung: Möglichst locker, nicht auspowern!!!

Es ist von den drei Disziplinen die für uns natürlichste Fortbewegungsart, daher kann sie auch sehr viel Freude bereiten. Gibt es ein schöneres Gefühl, als befreit von allem Ballast durch die Natur zu laufen?
Leider stellt die letzte Disziplin, das «Dessert» eines Ironman-Wettkampfes, viele Athleten gleich vor mehrere Probleme. Zu der langen Wettkampfdauer, die meistens Auswirkungen auf die Psyche hat, gesellen sich nun auch noch die Probleme der mechanischen Belastung. Es kann sich dann schnell ein «Wechselbad» der körperlichen und geistigen Gefühle entwickeln: «... oje, jetzt noch das Laufen, die Beine sind so müde» – «... es tut wirklich weh, die Beine sind so schwer» etc., etc. Sollte sich die Situation bei Ihnen so oder ähnlich darstellen und Sie Mühe mit dem Laufen haben, drehen Sie den Spieß um: Das Laufen wird für Sie zu einer «befreienden» und «erlösenden» Disziplin. Freunden Sie sich mit dem Laufen an, daß es zu Ihrer «Trumpfkarte» während eines Wettkampfes wird. Im Training heißt es für Sie:

- Ich erfahre meinen eigenen Körper.

- Es gibt kein freieres und natürlicheres Gefühl als beim Laufen.
- Dank meines Körpers kann ich mich bewegen, wohin ich will – ohne daß ich etwas anderes brauche als die Luft zum Atmen.

Im Kapitel «Der Tag ‹X›» (S. 178 ff.) gibt es weitere wertvolle Hinweise, damit das abschließende Laufen Ihnen Vergnügen bereitet.

Die Training
Außer der positiven Grundeinstellung zum Laufen brauchen Sie zumindest zum GA-Training eine möglichst flache Laufstrecke. Das Lauftraining hat gegenüber dem Radtraining den Vorteil, daß Sie es immer und überall absolvieren können. Hier zieht die Ausrede mit den Witterungsverhältnissen oder der Geschäftsreise nicht.

Der Laufstil
Immer wieder liest man vom Laufstil und Laufschulen. Das mag alles gut und recht sein, aber wenn Sie bereits 20, 30, 40 oder gar mehr Jahre in Ihrem eigenen Stil durch die Welt gegangen und gelaufen sind, wie lange wird es dauern, dies zu ändern, und was bringt das? Machen Sie sich frei von solchen Überlegungen, denn es gibt keinen «richtigen» Laufstil, es gibt nur Ihren Laufstil. Da Sie im abschließenden Marathon eines Ironman möglichst konstant und ohne «Einbrüche» über die Runden kommen wollen, gewöhnen Sie sich einen möglichst ökonomischen Lauf an, bei dem die Beine locker und ohne großen Kraftaufwand flach über dem Boden nach vorne bewegt werden. Ihre mentale Einstellung sollte sein: «Ich will mich eigentlich überhaupt nicht anstrengen.»

Die Atmung
Immer wieder stelle ich bei Anfängern fest, daß sie versuchen, möglichst flach und geräuscharm zu atmen, ja fast den Atem anhalten, denn es könnte ja jemand hören, das man «schnauft». Dies ist ebenfalls wie unsere «Achtung, fertig, los»-Einstellung ein Relikt aus unserem Schulsport. «... bloß den anderen nicht merken lassen, daß ich mich anstrenge, bloß keine Schwäche zeigen.» Mit so einer Einstellung im Unterbewußtsein laufen Sie nicht weit! Atmen Sie aktiv, atmen Sie ab und zu übertrieben durch, stellen Sie sich vor, Sie wollten beim Laufen die ganze Umwelt vor Ihren Augen in die Lungen saugen. Sie brauchen die Luft, um Ihr Leistungspotential zu entfalten.

Das Lauf-Abc
Die folgenden Übungen tragen dazu bei, daß Ihr Laufen effektiver wird. Mir haben sie auch zur speziellen Vorbereitung von reinen Laufveranstaltungen geholfen. Ich empfehle Ihnen, das «kleine Lauf-Abc» gelegentlich in Ihre Lka- oder Leb-Einheiten mit einzubauen, allerdings erst, wenn Sie über eine einigermaßen stabile Grundlage verfügen.

Kleines Lauf-Abc

In jede Lka- und Leb-Einheit vor dem Intensivteil einbauen, nur aufgewärmt (min. LGA 0:15 Std.) durchführen!

Übung 1
Kniehebellauf

Aus dem lockeren Trab heraus wird das vordere Bein in der Hüfte gebeugt und das Knie nach vorn-oben gebracht. Das Standbein bleibt gestreckt, der Armeinsatz wird betont.
(2 x 20m)

Übung 2
Anfersen

Aus dem lockeren Trab werden die Fersen an das Gesäß gebracht.
(2 x 20m)

Übung 3
Kniehebellauf

Aus dem Stand werden die Beine und die Arme gegengleich wechselnd genähert; die Bewegung findet in den Extremitätengelenken statt, das Becken bleibt während der Bewegung ruhig und kippt nicht.
(12 x Seite)

Übung 4
Überkreuzlauf

Im Seitwärtslaufen werden Oberkörper und Becken kontrolliert gegeneinander verdreht.
(20 m wechselnd)

Übung 5
Seitwärtslaufen

Sie laufen seitwärts und spreizen das hintere Bein bewußt weit nach außen ab, die Ferse führt die Abspreizbewegung.
(je Seite 20 m)

Übung 6
Rückwärtslaufen

Laufen Sie locker rückwärts, achten Sie auf ein gleichmäßiges Tempo und einen symmetrischen, harmonischen Laufstil.
(1 x 20 m)

Übung 7
Überkreuzschritt

Aus dem Gehen heraus spreizen Sie Ihr im Kniegelenk um 90 Grad gebeugtes Bein ab und führen es halbkreisförmig neben Ihrem Körper nach vorn.
(je Seite 10x)

Übung 8
Sprung aus dem Lauf

Mit großen weiten Schritten unter bewußtem Beinabdruck und gezieltem Armeinsatz werden mit jedem Sprung maximale Raumgewinne angestrebt.
(je Seite 3x)

Die Laufschuhe

Das wichtigste Werkzeug für diese Disziplin. Die Schuhe müssen einfach für Sie stimmen, und da ca. 80 Prozent unserer Bevölkerung mit orthopädischen Fehlstellungen der Füße umherlaufen, ist dies eine ganz individuelle Sache. Auch hier führt der erfolgreiche Weg über den Spezialisten im Lauf-Shop. Lassen Sie sich ausreichend beraten, und laufen Sie vor dem Kauf Ihrer Schuhe diese zur Probe. Bei einer fachgerechten Beratung wird Ihre Fußstellung analysiert (mittels Spiegel, Fußabdruck oder gar Laufband) und werden Ihnen die geeigneten Schuhmodelle zur Probe präsentiert. Die meisten Fehlstellungen können mit Spezial-Laufschuhen korrigiert werden. Sollten jedoch mehrere Fehlstellungen sich kumulieren, dann hilft unter Umständen nur noch der Gang zum Orthopäden:

Laufeinlagen

Sollten Sie nach einigen Monaten Ihres Lauftrainings Probleme mit den Knien und/oder den Füßen bekommen und diese Beschwerden durch verschiedene Schuhtypen nicht zu beheben sein, dann empfehle ich Ihnen unbedingt, es mit orthopädischen Laufeinlagen zu versuchen (daß Sie ausreichend dehnen, setze ich voraus). Durch meine «Senk-, Platt- und Spreizfüße» kam es auch bei mir zu Beschwerden, die nicht weichen wollten. Nachdem ich mir spezielle Einlagen hatte fertigen lassen, wurde ich innerhalb kürzester Frist wieder schmerzfrei. Damit Sie geeignete Einlagen erhalten, ist es unbedingt notwendig, daß von Ihnen eine Laufbandanalyse mit Video-Aufzeichnung gemacht wird. Orthopädische Fachgeschäfte, die sich auf Läufer eingerichtet haben, verfügen über solche Einrichtungen ebenso wie wenige versierte Laufgeschäfte.

Die Dämpfung

Fast alle führenden Hersteller versehen ihre Schuhmodelle mit einem Dämpfungssystem (z. B. Luft- oder Gelkissen), das im Fersen- und teils auch im Vorfußbereich eingebaut ist. Diese Dämpfungssysteme funktionieren mehr oder weniger gut und ermüden mehr oder weniger schnell. Extrem positive Erfahrungen machen wir immer wieder mit einem einfachen Zusatzprodukt, einer 2-mm-Zusatzeinlage, die unter der normalen (oder unter der orthopädischen) Einlage in den Schuh montiert wird. Das Elastomer-Material absorbiert einen großen Teil der auftretenden Schockwellen; Gelenke, Sehnen und Bänder werden geschont. Bei Läufen über 100 km konnte ich den Unterschied deutlich spüren.

Diese Zusatz-Einlagen kosten ca. 50 DM, Bezugsadressen sind im Anhang vermerkt.

Der Laufschuh für den Wettkampf

Ich verfüge immer über zwei Paar Laufschuhe: Ein Paar zum Training mit optimaler Stabilität und Dämpfung sowie ein Paar für die Wettkämpfe. Bei den Laufschuhen für den Wettkampf gebe ich dem geringen Gewicht die höchste Priorität und verzichte etwas auf Stabilität und Dämpfung. 100 g am Laufschuh fühlen sich an wie mit «Bremsklotz» oder ohne. Dies alles ist nicht unbedingt notwendig, jedoch kann der eher mäßige Läufer im Wettkampf dann doch noch das Gefühl bekommen, «bei mir läuft's heute gut».

Nun wünsche ich Ihnen viel, viel Spaß beim Laufen!

Was wiegt der Schuh?

Quick Facts

1. Schwimmen ist primär eine «Techniksache».
2. Mit einem Schwimmtrainer erzielen Sie schnelle Fortschritte.
3. Die richtige Position auf dem Rad ist wichtiger als die Optik des Rades.
4. Auch mit dem Laufen können Sie sich «anfreunden».
5. Mit den richtigen Laufschuhen bleiben Sie gesund.

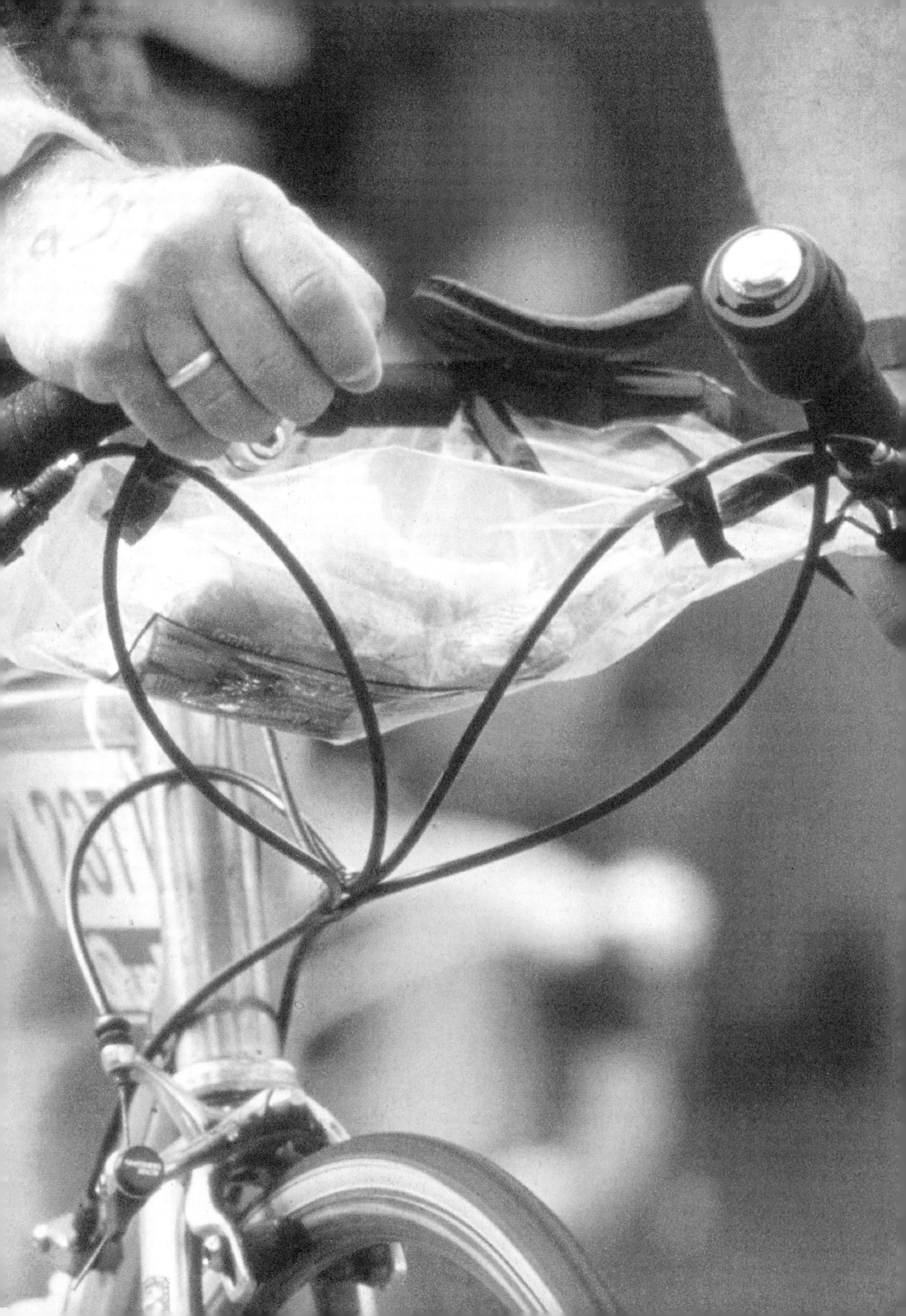

Ernährung

Ich greife auch bei diesem Thema den Grundgedanken «Wie kann ich mit einem Minimum an Aufwand mein Leistungspotential entfalten?» auf. Es versteht sich somit von selbst, daß die Lösung für den Finisher nicht in ausgeklügelten und komplizierten Ernährungsplänen liegt. Durch den beruflichen und familiären Alltag fehlt schlicht und ergreifend die Zeit, um Kalorien zu zählen und die Nährstoffe in Prozentgenauigkeit zusammenzustellen. Das Gebiet der Ernährungswissenschaft ist so umfangreich und noch lange nicht vollständig erforscht, so daß wir uns alleine damit den lieben Tag lang beschäftigen könnten. Also: Brandneue Ernährungspläne und Diäten sowie die Diskussionen über Trennkost, vegetarische Ernährung und Heilfasten überlasse ich den Experten von Frauen-, Männer- und Trendmagazinen.

Die Ernährung im Alltag

Als wichtigste Orientierungshilfe leistet die klassische «Ernährungspyramide» ausgezeichnete Dienste. Wenn Sie es schaffen, Ihre tägliche Zufuhr an Nährstoffen nach diesem Prinzip der «ausgewogenen Ernährung» zusammenzustellen, haben Sie bereits den wesentlichen Schritt getan:

Die 90-Prozent-Regeln für die tägliche Sporternährung

Ich nenne die folgenden Empfehlungen «90-Prozent-Regeln», da sie einfach sind und dennoch den größten Teil (eben ca. 90 Prozent) der lohnenswerten Maßnahmen darstellen.

- Vielseitig und abwechslungsreich essen (siehe Ernährungspyramide)
- Fettarm essen
- Basis bilden komplexe Kohlenhydrate, Gemüse und Früchte
- Frühstück und Zwischenmahlzeiten betonen
- Eher fünf Portionen über den Tag verteilt als ein oder zwei große Mahlzeiten
- Langsam essen und gut kauen
- Regelmäßig und ausreichend trinken
- Keinen Alkohol, außer an Ruhetagen 2–3 dl Rotwein

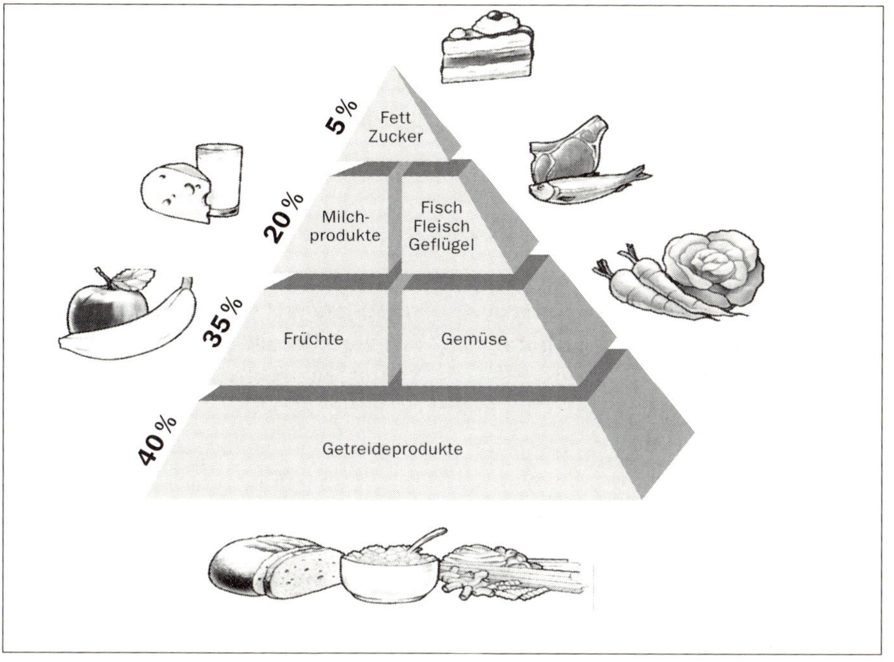

Flüssigkeit/ Wasserhaushalt

Die normale Tageszufuhr sollte mindestens 2 Liter betragen. Bei Sportlern muß noch der Flüssigkeitsverlust ausgeglichen werden, und der kann eventuell sogar nochmals doppelt so hoch sein. Als Indikator für den Flüssigkeitsverlust liefert das Wiegen vor und nach dem Sport gute Werte. Die Flüssigkeitszufuhr sollte weitgehend aus reinem Wasser bestehen. Ich empfehle Ihnen, am Bett, Arbeitsplatz und im Auto immer eine Wasserflasche parat zu haben. Da der Wasserverlust *früher* eintritt als das Durstgefühl, ist es wichtig, «pauschal» zu trinken, und nicht erst, wenn Sie den Durst verspüren. Als Orientierung über Ihren Wasserhaushalt reicht ein Blick auf den Urin – Zitat aus der Wettkampf-Info vom Strongman, Japan: «... we recommend that you begin heavily hydrating several days before the race and drink enough water *that your urine is clear*!» (Ihr Urin sollte möglichst klar sein!)

Das Mengenproblem

Die Gewichtsprobleme in unserer Gesellschaft sind meistens ein Mengenproblem, d. h., die dem Körper zugeführte Kalorienmenge ist größer als der Energiebedarf. Unser Körper agiert hier so, daß er für «schlechte Zeiten» spart und die zuviel zugeführten Nährstoffe als Depot-Fett an den von uns so geliebten Problemzonen speichert (bei der Frau an Hüfte, Gesäß und Oberschenkel, beim Mann am Bauch). Dabei spielt es kaum eine Rolle, woraus die Nährstoffe bestehen, es wird fast alles in Fett umgewandelt. Wer das einmal begriffen hat, dem wird auch klar, warum es müßig ist, über Diäten zu diskutieren, denn wenn sie funktionieren, dann nur, weil die Kalorienmenge reduziert wird, und nicht, weil die Nährstoffe in einer bestimmten Art und Weise zusammengestellt sind.

Auf den richtigen Maßstab kommt es an! Für den Sportler ist die Waage als Meßinstrument für Figurprobleme nicht das Richtige, denn die gemessenen Schwankungen sind primär vom Wasserhaushalt verursacht und nicht durch Fettverlust. Auch Umrechenmethoden von Gewicht und Körpergröße, wie etwa der BMI = Body Mass Index, sind trügerisch. Die Frage für den Ausdauersportler ist: «Woraus setzt sich die Masse auf meinem Skelett zusammen?» Ich empfehle daher zur Kontrolle die monatliche Messung der Figurmaße mit einem Maßband und 2–3 Fettmessungen (Impedanzmethode oder Infrarotmethode) im Jahr. Der Fettanteil an der gesamten Körpermasse liegt bei gut trainierten männlichen Sportlern bei 7–15 Prozent (altersabhängig). Sollte Ihr Fettanteil über 22 Prozent liegen (für Frauen werden 8 Prozent hinzugerechnet) und/oder Sie einen BMI von 27 und mehr haben, dann sollten Sie zunächst primär moderates Radtraining betreiben, bis sich eine Regulation Ihres Gewichtes und der Körperzusammensetzung eingestellt hat. Bei einem Lauftraining mit Übergewicht können u. U. Schäden an Gelenken, Sehnen und Bändern auftreten.

Als Anhaltspunkt, wie sich Ausdauertraining, welches primär auf der Stufe der Grundlage betrieben wird, auf die Zusammensetzung des Körpers auswirkt, sind meine relevanten Daten in einer Tabelle dargestellt:

Jahr	Körpergewicht in kg	Fettanteil in %	Fettanteil in kg
1989	82	17,4	14,3
1996	73	9,2	6,6

Der «Carbo-Wahn»

Jahrelang wurden die Ausdauersportler mit einer übertriebenen Kohlenhydrat-Kampagne regelrecht bekehrt. Verfolgt man die Artikel über Ernährung in den Fachmagazinen der letzten 10 Jahre, dann bekommt man den Eindruck, als Marathoni, Triathlet oder Langläufer braucht man nur Kohlenhydrate zu fooden, und alles ist o. k. Dem ist leider nicht so, denn erstens ist die Art der zugeführten

Kohlenhydrate entscheidend, und zweitens wird unter den Tisch gekehrt, daß der Ausdauersportler sogar **mehr** Eiweiß benötigt als der Bodybuilder. Betrachten wir diese Aussagen einmal näher:

während der Leistung zugeführt werden. In der eingangs erwähnten Ernährungspyramide werden 40 Prozent der Gesamtnahrungszufuhr in Form von langkettigen Kohlenhydraten empfohlen.

Kohlenhydrate und ihre Verwertbarkeit

Kohlenhydratarten	dazu zählen	sind enthalten in	Verwertbarkeit
Einfachzucker (Monosaccharide)	Glucose	Honig, Früchten	schnell verfügbare Zucker (außer Milchzucker!)
	Fructose	Getränken, Süße,	
	Galaktose	Milchzucker	
Zweifachzucker (Disaccharide)	Rüben- oder Rohrzucker	Haushaltzucker, Konfitüren, Süße, Limonaden	
	Invertzucker	Honig	
	Malzzucker	Malzbier	
	Milchzucker	Milch	
Mehrfachzucker (Oligosaccharide)	Zuckergemisch	Sportler-Energiegetränke	Kohlenhydrate mit Langzeitwirkung
	Dextrine	Toast, Knäckebrot, Zwieback	
Vielfachzucker (Polysaccharide)	Stärke	Kartoffeln, Nudeln, Brot,Reis, Bananen,	
	Glykogen	Getreideflocken, Leber	
Ballaststoffe	Cellulose Hemicellulose Pektin	Getreiderandschichten, Gemüse Obst	unverdauliche Kohlenhydrate

Aus der Tabelle wird deutlich, daß Langzeit-Ausdauerleistungen aus zwei Energiequellen gespeist werden müssen:

1. Aus dem Fettstoffwechsel, den wir mit dem Grundlagentraining effektiv geschult haben, und
2. aus «langkettigen» Kohlenhydraten (Polysaccharide), die vor und

Die Kohlenhydrate liefern also den notwendigen «Brennstoff» für die Muskeltätigkeit. Zur Regeneration und zur weiteren Leistungssteigerung werden jedoch **unbedingt auch Eiweiße** benötigt. Empfohlen werden in normalen Trainingsphasen ca. 2 g Eiweiß pro kg Körpergewicht, d. h., ich sollte pro Tag etwa 140 g reines Eiweiß zu mir nehmen. Dies ist nicht so einfach, da die meisten Eiweißquellen auch einen hohen Fettanteil aufweisen. Ich supplementiere daher während intensiver Trainingsphasen meine Nahrung mit Eiweißpulver (2 x 20–25 g pro Tag). Schauen Sie sich Ihre Eiweißversorgung wirklich an, es lohnt sich!

Vitamine und Mineralstoffe

Zwar wird immer wieder betont, daß bei ausgewogener und abwechslungsreicher Ernährung eine Supplementierung von Vitaminen und Mineralien nicht nötig wäre, aber es hat sich bei den von uns betreuten Sportlern als positiv erwiesen, eine tägliche Supplementierung für die Dauer der intensiven Trainings- und Wettkampfphase (März bis September) vorzunehmen.

Als «Minimalpaket» hat sich bewährt:

- Kombination von Vit. E (500 mg) und Magnesium (250 mg), morgens zum Essen, z. B. in der Apotheke erhältliche Produkte.
- Kombination von Vit. C (1 g in retard-Form) und Vit.-B-Komplex, abends vor dem Schlafen, auch in der Apotheke erhältlich.

Weiterführend stellt eine «Vitalstoffmischung» mit folgender Zusammenstellung eine gute Deckung des Bedarfes dar: s. S. 167.

Trainings- und Wettkampfernährung

Sie sollten etwa zwei bis drei Stunden vor dem Training die letzte große Mahlzeit zu sich genommen haben. Hier stimmt ausnahmsweise eine alte Weisheit aus unserem Schulsport: Ein voller Magen turnt nicht gern!

Ihre Verpflegung für unterwegs sollte primär aus langkettigen Kohlenhydraten bestehen, am Markt werden hierfür dutzendweise Riegel verschiedener Hersteller angeboten.

Weitaus wichtiger ist jedoch Ihre Flüssigkeitsversorgung. Reines Wasser leistet gute Dienste, ebenso wie ein Gemisch aus Wasser und Apfelsaft (Verhältnis 4:1). Ich persönlich halte nichts von den sog. Sportler-Getränken (Iso-«sowieso»), da je nach Konzentration die enthaltenen Einfach- und Mehrfachzucker kontraproduktiv auf den Fettstoffwechsel wirken und häufig auch schlecht magen-darmverträglich sind.

Womit wir bei dem effektiven Fettstoffwechseltraining angelangt wären. Die Trainingsmethode (lang und äußerst langsam) muß gekoppelt werden mit der Ernährung. Das heißt, mit leichtem Hunger in das Training, während des Trainings nur Wasser und erst danach wieder «laden». Am Anfang werden Sie mit einer solchen Art Training noch Ihre liebe Mühe haben, ist aber Ihr Fettstoffwechsel erst wachgerüttelt, dann können Sie große Teile Ihres GA-Trainings ohne nennenswerte Nahrungszufuhr absolvieren.

Vitalstoffmischung zur Sicherstellung der ausreichenden Versorgung bei Sportlern. Die Tagesmenge beträgt 7,0 g. Am besten nehmen Sie morgens und abends je 1 Teelöffel Granulat in einem Glas Orangensaft, Tomatensaft oder ähnlichem ein. Einrühren und sofort austrinken!

Vitamine	**Menge je Tag / 100 g**
Vitamin A	1000,0 µg / 14,4 mg
Vitamin B_1	10,0 mg / 143,5 mg
Vitamin B_2	10,0 mg / 143,5 mg
Vitamin B_6	20,0 mg / 287,1 mg
Vitamin B_{12}	30,0 µg / 430,6 µg
beta-Carotin	8,0 mg / 114,8 mg
Biotin	50,0 µg / 717,7 µg
Vitamin C	1,00 g / 14,35 g
Cholin	80,0mg / 1,15 g
Vitamin D3	5,0 µg / 71,8 µg
Vitamin E (d-alpha-Tocopherol)	200,0 mg / 2,87 g
Folsäure	400,0 µg / 5,7 mg
Inositol (myo-Inosit)	60,0 mg / 861,2 mg
Niacin (Nicotinamid)	10,0 mg / 143,5 mg
PABA (para-amino-benzoe-S.)	20,0 mg / 287,1 mg
Pantothensäure	20,0 mg / 287,1 mg
Spurenelemente	**Menge je Tag / 100 g**
Chrom	150,0 µg / 2,2 mg
Eisen	15,0 mg / 215,3 mg
Jod	150,0 µg / 2,2 mg
Kupfer	6,0 mg / 86,1 mg
Mangan	15,0 mg / 215,3 mg
Molybdän	150,0 µg / 2,2 mg
Selen	50,0 µg / 717,7 µg
Vanadium	150,0 µg / 2,2 mg
Zink	30,0 mg / 430,6 mg
Mineralstoffe	**Menge je Tag / 100 g**
Magnesium	300,0 mg / 4,31 g
Bioflavonoide	**Menge je Tag / 100 g**
Quercetin	400,0 mg / 5,74 g
Ballaststoffe	**Menge je Tag / 100 g**
Guar	1,99 g / 28,52 g
Cellulose	1,62 g / 23,22 g
10262 / Basismischung 2 / 01. 09. 07 13:14:39	

Quelle: Egger Sport Check-up Dr. med. H. Egger

Bei Einheiten im KA- und EB-Bereich wäre es jedoch leistungsmindernd, wenn Sie wie oben verfahren. Hier müssen Sie, um Ihre Leistung zu bringen, den Körper ausreichend versorgen, d. h. ca. 30 Min. vor dem Training noch 1–2 Riegel und im Training je nach Bedarf. Auch hier ist wichtig, daß dem Körper direkt nach Trainingsende die zur Regeneration nötigen Nährstoffe zugeführt werden.

Sie sehen also: Die Nahrungszufuhr in und um das Training muß genauso differenziert werden wie das Training selber.

Achten Sie speziell nach KA- und EB- Einheiten, aber auch nach sehr langen GA-Einheiten, auf ausreichende Eiweißzufuhr. Ideal ist es, nach einer harten Einheit am nächsten Morgen die Eiweißzufuhr zu intensivieren. Sie stellen dem Körper somit die nötigen Baustoffe zur Regeneration der Muskulatur zur Verfügung.

Die Ernährung im Wettkampf

Viele Wettkampfeinsteiger machen hier gleich mehrere entscheidende Fehler.

- Sie haben keinen Plan für die Ernährung im Wettkampf.
- Wenn ein Plan existiert, wurde er nicht vorher ausprobiert.
- Durch die Aufregung am Wettkampftag wird der Plan nicht eingehalten.

Aber das ist normal: Bei meiner ersten Mitteldistanz erblickte ich vor dem Start bei meinem Nachbarn in der Wechselzone eine kleine Flasche. Auf meine Frage nach dem Inhalt erhielt ich folgende Antwort: «... das ist ein megageiles Zeug, nur das bringt's, seitdem ich das nehme, geht's richtig vorwärts.» Da ich damals kein eigenes Ernährungskonzept hatte, überfielen mich sämtliche Zweifel, und ich war fast dazu geneigt, das «megageile Zeug» des Nachbarn aufs Geratewohl im Wettkampf auszuprobieren. So etwas kann fatale Folgen haben, und der gutgemeinte Tip des Tria-Kollegen entpuppt sich als Desaster. Was für Sie funktioniert und was nicht, können Sie **nur** durch Probieren im Training herausfinden.

Als grobe Leitlinie habe ich Ihnen meinen persönlichen Ernährungsplan für Ironman-Wettkämpfe aufgeschrieben. Alles, was ich vor und während eines Triathlons zu mir nehme, ist vermerkt. Auch bei längeren Distanzen (100-km-Läufe, Double- und Triple-Ironman) hat sich dieser Plan für mich bewährt. Probieren Sie es aus und stellen sich dann Ihren eigenen Plan auf, wobei Sie genau festlegen, was Sie wann zu sich nehmen. Nach Ihrem Körpergefühl sollten Sie in diesem Punkt nicht agieren, wenn Hunger- und Durstgefühle im Wettkampf auftreten, ist es meist zu spät.

Die letzte Hauptmahlzeit

Der Start zum Ironman erfolgt meist um 7 Uhr, d. h. um ca. 3.30 Uhr aufstehen und eine Mahlzeit (primär

Ernährungsplan für Ironman

wann	was	wieviel
sofort nach dem Aufstehen	Wasser Lasar (Magnesium & Vit. E)	5–8 dl 2 Tbl.
3,5 h vor Start	Hauptmahlzeit z. B. Griesbrei, Pfannkuchen, Vollkornbrot Kein: Zucker, Milch, Kaffee, Tee	normale Portion!
bis vor dem Start	regelmäßig Wasser trinken (Trinkflasche am Mann)	1–2 l
Rad	im Camelback: Wasser / Apfelsaft 4:1 + 1 Btl. Elotrans	
alle 15 Min.	Trinken!!!	
alle 20–30 Min.	Squeezy	1 Btl.
alle 40–60 Min.	Bio-Magnesin	2–4 Tbl.
Laufen	im Trikot / Top 8–12 Squeezy	
alle 15–20 Min.	Squeezy	1 Btl.
alle 30–40 Min.	Bio-Magnesin	2 Tbl.
jede Station	Wasser trinken (Trinktechnik üben)	2–3 Becher
im Ziel	Wasser, Wasser, Wasser!	
	Carbos (langkettig) auffüllen	

Achtung! Dieser Ernährungsplan ist als Anhaltspunkt zu sehen, es sind ggf. persönliche Anpassungen vorzunehmen, da jeder Athlet seine spezifischen Stoffwechseleigenschaften hat. Unbedingt alles vorher im Training ausprobieren!

langkettige KH) zu sich nehmen. Ich hasse das frühe Aufstehen, aber es muß sein. Die Mahlzeit kann z. B. aus Vollreis, Nudeln, Vollkornbrot u. ä. bestehen.

Flüssigkeit

Gerade bei der Flüssigkeitszufuhr versuche ich möglichst unabhängig zu sein und vertraue auf mein eigenes «Gebräu». Damit das überhaupt möglich wird, führe ich in meinem «Camelback» (Trinkrucksack, erhältlich im Fahrradladen) ca. 2 Liter Gemisch aus Wasser / Apfelsaft (Verhältnis 4:1) mit, dem ich noch einen Beutel Elotrans (Elektrolyt-Mischung, erhältlich in der Apotheke) hinzugefügt habe. Da die 2 Liter für die Radstrecke kaum ausreichend sind, fasse ich an den Verpflegungsstationen noch

«reines Wasser» nach Bedarf. Dies hat zwei Vorteile: Erstens erlebe ich keine Überraschung mit dem Inhalt und/oder dem Mischungsverhältnis des angebotenen «Gesöffs», und zweitens kann ich je nach Lufttemperatur das Wasser auch zur Körperkühlung benutzen. Daß man einen Rucksack auf dem Buckel hat, ist reine Gewohnheitssache. Das Trinken ist mit dem Schlauch viel einfacher als der Griff zur Fahrradflasche – Sie trinken mit Camelback viel regelmäßiger.

Im abschließenden Marathon trinke ich dann nur Wasser. Dazu greife ich im Lauf meist 2 Becher Wasser und leere diese auf den nächsten 100–200 m. Das Trinken aus Bechern im vollen Lauf müssen Sie unbedingt vorher üben. Bauen Sie sich dazu vor Ihrer Haustür eine kleine Verpflegungsstation auf: Stellen Sie mehrere mit Wasser gefüllte Pappbecher auf einen Tisch. Nach einer Aufwärmphase laufen Sie Ihre Station mehrmals an und versuchen zunächst einen Becher **im Laufen** zu greifen und möglichst viel von dem Inhalt beim Weiterlaufen zu trinken. Damit Ihnen nicht der größte Teil des Inhaltes rechts und links aus den Mundwinkeln entweicht, drücken Sie den Becher wie auf dem Foto, um eine Art Ausguß zu erhalten. Beherrschen Sie dies, können Sie es mit zwei Bechern versuchen. Natürlich könnten Sie im Wettkampf

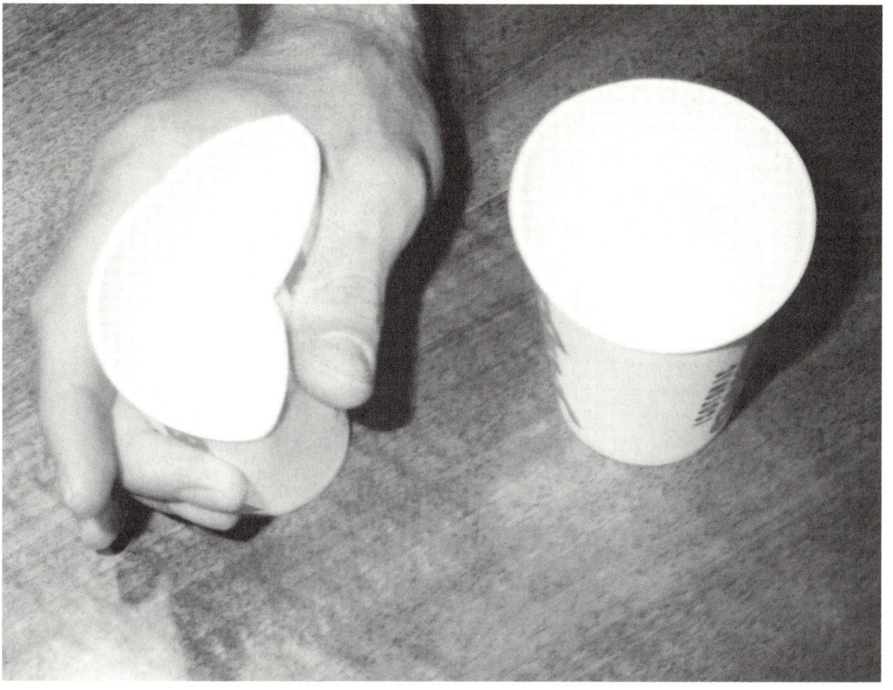

auch an der Verpflegungsstelle stehenbleiben und sich zum Trinken sogar noch etwas ausruhen. Ich halte dies für wenig sinnvoll – versuchen Sie unbedingt durchzulaufen. Mit jedem Stop signalisieren Sie Ihrem Körper, es sei jetzt vorbei, das Weiterlaufen nach dem Stop würde Ihnen jedesmal schwerer und schmerzhafter vorkommen. Viele Athleten sind durch diesen Fehler schon zum DNF (= did not finish) geworden. Also: Trinktechnik üben!

Basis / komplexe Kohlenhydrate

Den Bedarf an komplexen Kohlenhydraten decke ich über «Squeezies» ab (erhältlich im Radsporthandel). Es handelt sich um Maisstärke in Gel-Form, die sehr einfach zu sich zu nehmen ist. Die hochkonzentrierten Kohlenhydrate sind in einen kleinen Plastiksack eingeschweißt, der mit dem Mund aufgerissen wird. Die gelartige Flüssigkeit wird in den Mund gedrückt und mit Wasser heruntergeschluckt. Diese Form der Kohlenhydrate ist für den Magen-Darm-Trakt sehr einfach aufzunehmen und zu verdauen, somit wird der Körper mit diesen Vorgängen kaum belastet und

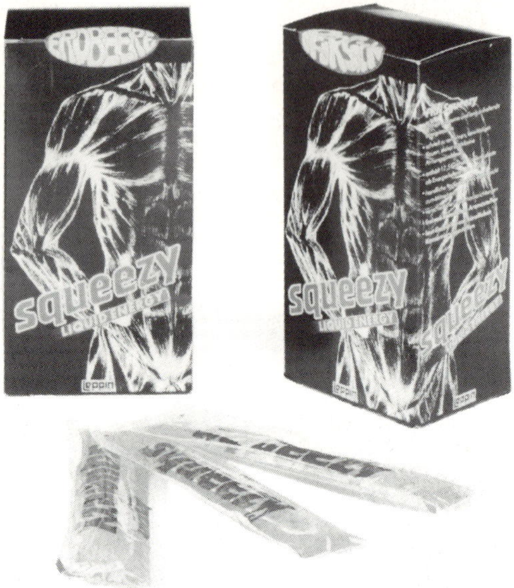

erhält dennoch ausreichend Energie. Versuchen Sie, in verschiedenen Trainings (GA und KA) herauszubekommen, wieviel Squeezies Sie in welchem Abstand nehmen müssen, um ausreichend versorgt zu sein. Die Schwere der Strecke spielt hier eine Rolle. Mir reicht ein Beutel alle 20–25 Minuten.

Die Vorteile gegenüber festerer Nahrung (z. B. Riegel) liegen auf der Hand:

- Der Magen muß keine feste Nahrung aufspalten und zerlegen.
- Das mühsame und die Atmung behindernde Kauen entfällt genauso wie das mögliche Verschlucken.

Auch extrem lange Wettkämpfe habe ich mit Squeezies als Basisnahrung bewältigen können, z. B. DoubleIron in den USA ca. 50 Squeezies (+ Wasser, + Magnesium) oder Ultraman, Hawaii, ca. 60 Squeezies (+ viel Wasser, + Magnesium).

Magnesium

Zur Unterstützung der Leistungsbereitschaft der Muskulatur empfiehlt sich die Zufuhr von Magnesium auch während des Wettkampfes. Wichtig ist, daß es sich um ein leicht resorbierbares und gut verträgliches Magnesiumpräparat handelt. Ich empfehle Ihnen kleine Tabletten, die sich gut zerkauen lassen und angenehm schmecken. Damit die Tabletten sich nicht im Trikot durch Schweiß und / oder

ULTRAMAN
70

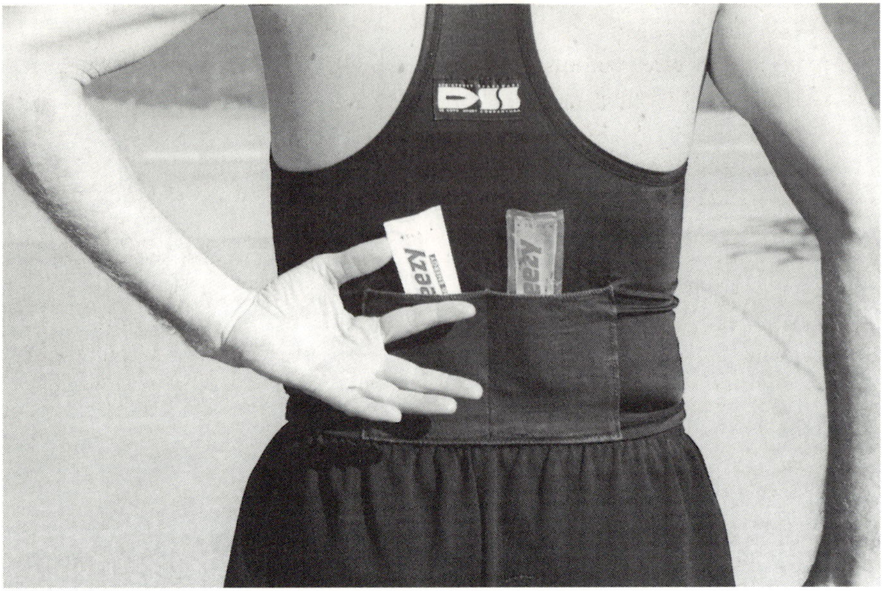

Wasser auflösen, stecken Sie diese in kleine verschließbare Plastiktüten.

Transport

Um ihre (über-)lebenswichtige Nahrung praktisch zu verstauen, eignet sich am Rad eine Tasche, die am Aerolenker angebracht wird. Sie haben somit alles Nötige buchstäblich vor der Nase.

Beim Laufen ist es sinnvoll, zwei kleine Taschen im Trikot zu haben, in denen man den Beutel mit Magnesium und die ca. 10 – 12 Squeezies für den Marathon verstauen kann.

Quick Facts

1. Die Ernährungspyramide ist ein guter Anhaltspunkt für die Zusammenstellung der täglichen Nahrung.
2. Mit einfachen Regeln (90-Prozent-Regel) läßt sich eine sportgerechte Ernährung sicherstellen.
3. Flüssigkeitszufuhr ist extrem wichtig, daher immer Wasser am Bett, Arbeitsplatz und im Auto.
4. Genausowichtig wie die Kohlenhydrate sind die Eiweiße, ausreichende Versorgung ist sicherzustellen.
5. Eine Supplementierung von Vitaminen und Mineralstoffen ist sinnvoll.
6. Für den Wettkampf ist ein Ernährungsplan aufzustellen, der im Training erprobt ist und sich bewährt hat.

Der Tag «X»

Abschließend möchte ich Ihnen noch einige Tips für Ihren ersten Ironman geben, die ich chronologisch zusammengestellt habe.

Zwei Wochen vorher

Die letzte lange Einheit (RGA 5–6 Std.) liegt jetzt hinter Ihnen, Sie sollten es nunmehr «ruhig» angehen lassen. Es stellen sich ganz natürlich Zweifel ein: «Langt das Training, damit ich den Ironman erfolgreich finishe?» oder «Bin ich wirklich fit genug?» etc. Besinnen Sie sich auf das bereits Geleistete, die Grundsteine für Ihren Erfolg haben Sie bereits im Frühjahr gelegt, z. B. im Trainingslager. Das, was Sie sich bis jetzt erarbeitet haben, kann Ihnen keiner mehr nehmen. Es gibt also keinen Grund, aus einer falschen Nervosität heraus noch mal so richtig hart zu trainieren. Hier werden viele Fehler gemacht, bleiben Sie deshalb cool, das Training der letzten zwei Wochen dient nur noch zur Erhaltung der Form. Grundlagenausdauer, die Sie jetzt nicht drinhaben, kriegen Sie bis zum Wettkampf auf keinen Fall mehr hin.

Die Schwimmeinheiten der letzten zwei Wochen sollten Sie mit Neopren absolvieren, um sich an die veränderte Wasserlage zu gewöhnen. Schwimmen Sie nach Möglichkeit im offenen Gewässer.

Eine Woche vorher

Ruhen Sie sich aus! Es gibt nichts Besseres, als erholt in einen Wettkampf zu gehen.

Bei Ihrer Nahrungsaufnahme sollten Sie langkettige Kohlenhydrate betonen sowie mäßig Eiweiß zu sich nehmen. Vermeiden Sie große Mengen Fleisch, da diese schwer verdaulich sind, ebenso verzichten Sie auf den Konsum von Meeresfrüchten, denn auch damit hat schon manch einer böse Überraschungen erlebt.

Führen Sie Ihre Visualisierung mindestens noch zweimal durch, um Ihr Unterbewußtsein wirkungsvoll zu programmieren. Machen Sie *keine* Sauna oder Massage mehr, da sich dies negativ auf Wasserhaushalt und Muskeltonus auswirkt.

Zwei Tage vorher

Dies ist der Tag, an dem Sie essen, essen, essen müssen. Es geht nicht darum, unsinnig Mengen von Essen zu konsumieren, sondern über den ganzen Tag verteilt immer wieder kleinere Portionen. Auf keinen Fall dürfen Sie ein Hungergefühl übergehen, was wir sonst im Alltag allzugern mal machen. Gehen Sie früh ins Bett und ruhen sich aus.

Einen Tag vorher

Relaxen steht im Vordergrund. In der Regel müssen Sie heute Ihr Rad in der Wechselzone deponieren. Natürlich können Sie sich die Zeit damit vertreiben, die Räder und die stahlharten Waden Ihrer Konkurrenten anzuschauen; ob das für Ihre Psyche sinnvoll ist, müssen Sie entscheiden. Ich habe es immer vorgezogen, dem ganzen Rummel von Wechselzone, Triathlon-Messe und Pasta-Party zu entfliehen.

Die Pasta-Parties, die direkt am Tag vor dem Wettkampf stattfinden, sind wenig sinnvoll, da Sie in der Nacht vor dem Ereignis sich nicht noch mit Unmengen von Nahrung den Schlaf erschweren sollten.

Gehen Sie früh zu Bett, wenn der Start um 7 Uhr ist, sollten Sie zwischen 19 und 20 Uhr zu Bett gehen. Selbst wenn Sie nicht schlafen können, ist es von Vorteil, wenn Sie sich in die Horizontale begeben.

Race Day

Messen Sie keinen Ruhepuls, der ist sowieso höher als sonst, schließlich haben Sie lang genug auf diesen Tag hingefiebert, und Ihr Körper weiß das. Trinken Sie direkt nach dem Aufstehen eine rechte Menge Wasser und essen dann Ihre letzte Hauptmahlzeit. Füllen Sie Ihren Trinkrucksack mit Ihrer Mischung. Wenn Sie nicht zu weit weg vom Start wohnen, können Sie sich nochmals kurz hinlegen.

In der Wechselzone überprüfen Sie dann nochmals Ihr Fahrrad (Bremsen, Gang, Luft etc.). Legen Sie alle Sachen für die zwei Wechsel parat. Ziehen Sie Ihren Neopren an, sollten Sie Vaseline o. ä. für die Schürfstellen (Achseln, Nacken etc.) benötigen, lassen Sie sich von einer anderen Person einreiben. Vermeiden Sie unter allen Umständen den Kontakt Ihrer Hände mit Salben, Fetten oder Cremes.

The Race is on!

Reihen Sie sich zum Start in eine geeignete Position ein. Wenn Sie nicht gerade zu den besten Schwimmern gehören, kann eine Position am Rande des Feldes geeignet sein, denn selbst wenn der Weg zur ersten Boje nicht der direkte ist, so ist ein freies, fast ungestörtes Schwimmen evt. mehr wert. Halten Sie die ersten 100–200 m den Kopf so viel wie möglich und nötig über Wasser, um die Orientierung zu halten, und vor allem um nicht im Anfangsgetümmel mit den Mitstreitern zu heftig aneinanderzugeraten. Die Methode «Kopf nach unten und durch» hat schon so manchen Athleten die Schwimmbrille gekostet – behalten Sie den Überblick.

Wenn Sie die Schwimmstrecke bewältigt haben und sich auf dem Rad befinden, fangen Sie gleich an zu essen und zu trinken, und halten Sie den Zeitrhythmus ein.

Wettkampfgeschwindigkeit

Im Training haben wir immer dem Pulsmesser vor dem Körpergefühl den höheren Stellenwert eingeräumt. Im Wettkampf habe ich dieses Prinzip immer umgedreht, d. h., wenn ich mich gut fühle, gehe ich mein Tempo, auch wenn die Pulswerte etwas höher sind. Ich rate Ihnen jedoch, vor allem in der Anfangsphase nicht über die anaerobe Schwelle zu gehen. Viele von mir betreute Athleten empfanden in ihren Rennen den Pulsbereich Ende KA bis Anfang EB als ideal.

Achten Sie nicht auf Athleten, die Sie eventuell überholen, machen Sie sich klar, daß erst am Ende abgerechnet wird.

Als krönenden Abschluß haben Sie noch den Marathon vor sich. Sie werden sich bereits leicht ermüdet fühlen und vielleicht Zweifel haben, wie Sie «das Ding» zu Ende bringen sollen. Trösten Sie sich, Sie sind nicht der einzige, dem es so geht, die anderen kochen auch nur mit Wasser.

Fangen Sie locker an zu laufen, und konzentrieren Sie sich auf Ihre Atmung sowie auf die Nahrungs- und Flüssigkeitszufuhr. Denken Sie positiv, machen Sie sich klar, daß Sie diese Distanz jetzt bewältigen können. Denken Sie «... es ist interessant, was mein Körper alles zu leisten vermag», und «... es ist schön, nach so langer Zeit noch laufen zu können».

Viele Athleten bauen nach der Hälfte des Marathons mental stark ab, der Körper folgt unweigerlich. Man kann dies sehr schön an den Verläufen der Pulskurven erkennen: Der Sportler vermag es nicht mehr, den Kreislauf auf Touren zu halten. Achten Sie auf Ihren Puls, wenn er «zusammenfällt», treiben Sie sich an, freuen Sie sich auf die Finish-Line!

Have a nice finish!!!

Genießen Sie die letzten Meter, Sie können stolz auf sich sein, denn es ist eine ganz individuelle und somit einmalige Leistung, die Sie erbracht haben.

Es wird mich mit Freude erfüllen, wenn der eine oder andere Tip aus meinem Buch Ihnen geholfen hat, Ihr ganz persönliches Ziel zu erreichen. Schreiben Sie mir, ich höre immer gerne von erfolgreichen Finishern und Ihren ganz persönlichen Erfahrungen.

Sollten Sie nach dem Lesen des Buches etwas unsicher sein, wo und wie Sie jetzt anfangen sollen – hier nochmals die wichtigsten Schritte in einem kurzen

Leitfaden

1. Sie definieren Ihr persönliches Triathlonziel (konkret, definitiv und mit Datum).
2. Sie machen einen Laktatstufentest und trainieren mit Pulsmesser zu 80 Prozent im GA-Bereich.
3. Sie haben einen Trainingsplan inkl. Regenerations- und Visualisierungsmaßnahmen.
4. Sie vernachlässigen nicht Ihre anderen Lebensbereiche.

Good luck!

Anhang

Adressen von Ironman-Wettkämpfen, teils mit persönlichen Hinweisen, soweit ich den Wettkampf selbst schon gefinisht habe:

- Ironman **Neuseeland**, Paul Gleason, P. O. Box 33-743, Takapuna, Auckland, Neuseeland, Fax: +64-9-489-5754
  www.ironman.co.nz
  Race Day ist Anfang März.
- Ironman **Australien**, Ken Baggs, P. O. Box 163, Tuncurry, NSW 2428, Australien, Fax: +61-65-55-5208
  www.ironmanoz.com
  Race Day ist Mitte April.
- Ironman **Lanzarote**, Kenneth Gasque, Club LaSanta, Tinajo, Lanzarote, Spanien, Fax: +34-28-345-2548
  www.ironmanlanzarote.com
  Race Day ist Ende Mai. Ein knüppelharter Ironman – zu den meist deftigen Windverhältnissen kommen reichlich Höhenmeter auf der Radstrecke, auch die Laufstrecke ist eher hügelig, und die Sonne brennt gut. Die Insel weiß mit bizarren Landschaftseindrücken und den Bauwerken von Cesar Manrique einiges zu bieten. Meine Empfehlung: Ein, zwei Tage nach dem Rennen mit dem Rad in die Hochebene von Femés und in diesem kleinen Ort einen Cortardo, die Ruhe und den Ausblick genießen.
- Ironman **Europe** (**Roth**), Freizeit & Sport Promotion GmbH, Amselstraße 4, D-91174 Spalt, Fax: +49-9175-9601,
  www.ironman.de.
  Race Day ist Mitte Juli. Das Mega-Spektakel in Europa schlechthin! Wer einmal durch das Spalier am Solarer Berg gefahren ist, wird diese Gänsehaut nie vergessen.
  Wer dabeisein will, sollte seine Adresse per Fax deponieren und an dem Tag, wo die Unterlagen im Briefkasten sind, die Anmeldung zurückschicken – ständig überbucht! Kümmern Sie sich auch rechtzeitig um eine Unterkunft.
- Ironman **Switzerland**, BK Sportpromotion GmbH, Wattstraße 5, CH-8307 Effretikon, Fax: +41-52-3551001,
  www.ironman.ch
  Race Day ist Anfang August. Für Einsteiger absolut empfehlenswert, da noch nicht so überlaufen wie Roth. Die neue Radstrecke ist gut mit Höhenmeter bestückt, dafür ist der Run topfeben.
- Ironman **Canada**, David Burtch, 199 Ellis St., Penticton, BC Canada V2A 4LA, Fax: +1-604-490-8788
  www.ironman.ca
  Race Day ist Ende August.
- Ironman **Hawaii**, Sharron Ackles, 75–127 Lunapule Road, Suite 11, Kailua-Kona, Hawaii 96740 USA.

Fax: +1-808-329-0063. Der Ironman schlechthin – die Mutter aller Triathlons, so lautet die Legende, obwohl es in Australien Wettkämpfe für die Rettungsschwimmer (Kombination aus Kajak, Surfboard, Schwimmen und Beach-Run) mit dem Namen Ironman schon viel früher gab. Wie auch immer, die Teilnahme in Hawaii gilt als der Ritterschlag unter den Triathleten und muß durch Qualifikation hart erkämpft werden. Bei mir hat es für einen Startplatz bisher an der nötigen Grundschnelligkeit gefehlt – allerdings hatte ich es bisher noch nicht ernsthaft versucht, aber wer weiß? Wer sich für den Quali-Modus und die dafür nötigen Zeiten interessiert, für den ist der Quali-Leitfaden von Hannes Hawaii Tours das Richtige: Hannes Blaschke, Bgm. Batzer Str. 19, D-87471 Durach, Fax: +49-831-69887, E-Mail: hannes.blaschke@t-online.de
www.ironmanlive.com

- Ironman **Brasilien**
Djan Madruga
Estrada dos Bandeirantes,
23.480 Rio de Janeiro – RJ –
CEP 22785-090
Fax: +55-21-4381286
www.ironmanbrasil.com.br

Wer mehr auf **Abenteuer, Reisen und Kultur** steht, dem empfehle ich unter den vielen, vielen «**Man's**» folgende:

- **Strongman** Japan, Jasuda Shigeru, 968 Higashinaka, Hirara City, Okinawa, 906 Japan, Fax: +81-9807-3-1304
E-Mail: *triathlo@ii-okinawa.or.jp*
Race Day ist Ende April. Der Wettkampf genießt in Japan höheres Ansehen als der Ironman. Ein bis ins letzte Detail absolut professionell organisierter Event. Da man als Ausländer als Exote gilt, erhält man in der Regel freien Start und kann an einem Home-stay-Programm teilnehmen. Ein echter Geheimtip und mein interessantestes Triathlon-Erlebnis bisher.
- **Diamondman** Ibiza, Sergio Ferrero, Yacht Barbara, Puerto Ibiza Nueva, E-07800 Ibiza, Spanien, Fax: +34-71-302262. Race Day ist Ende September. Zu den drei Disziplinen kommt noch das Kajakfahren im Meer, aber das kann man vorher mit ca. 10–15 Stunden lernen. Hier lernt man alle möglichen Freaks der Ausdauerwelt kennen, Profis verschlägt's hier eher nicht hin. Die Atmosphäre ist familiär und seine Hoheit Prinz Sergio ein echtes Unikum. Sehenswert!
- **Ultraman** Hawaii, Jane Bockus, 78-7170 Haawina Street, Kailua-Kona, Hawaii 96740, USA, Fax: +1-808-322-3553. Race Days sind Ende November. Ein 3-Tages-Event mit absolutem Abenteuer-Charakter. Zwei gute Betreuer mitnehmen, das Team richtig einstimmen und «you will have lot's of fun»! (Leider ist der Spaß nicht ganz billig.)
- **Embrunman** Frankreich, Iacono Gérald, Les Eglantines, F-05200 Embrun, Frankreich, Tel: + 33-92431468. Race Day ist Mitte August. Auf der Radstrecke das absolute Killerprofil, aber eine Reise wert.
- Den **Trans-Swiss Triathlon** quer durch die Schweiz gibt es nicht mehr. Meinen ersten Ultra werde ich nie vergessen, und da er mir so gut gefallen hat, nahm ich bereits viermal teil. Bei dem Konzept ohne Zeitmessung und Rangliste ist der

Finisher-Gedanke noch intakt, den man bei den teils zu Kommerz-Spektakeln verkommenen Ironman-Veranstaltungen vergebens sucht. Vorsicht: Das Ding entspricht ca. 1,5 x Roth und hat ordentlich Höhenmeter.
www.transswiss.ch
www.gigathlon.ch

Weiterhin existieren noch andere Wettkämpfe über die Ironman-Distanz, die sich aber offiziell nicht Ironman nennen dürfen. Solche Wettkämpfe sind für Einsteiger durchaus zu empfehlen, da es hier noch recht «familiär» zugeht und der Kommerz noch nicht alles gnadenlos bestimmt:

- **IronMönch in Kulmbach-BRD**, Termin Mitte August, Adresse: ASV Triathlon Kulmbach, Wolfgang Pirl, Höhlersleite 12, D-95326 Kulmbach, Tel. & Fax: +49-9221-66581
- **SachsenMan in Moritzburg-BRD**, Termin Mitte Juli, Adresse: Action Events DD, Ammonstraße 35, D-01067 Dresden, Fax: +49-351-4909099
- **Austria Triathlon in Podersdorf-A**, Termin Anfang September, Adresse: Kurt Mitschko, A 1030-Wien, Gerlgasse 16, Fax: +43-1-8028405
- **Steel Town Man in Linz-A**, Termin Anfang August, Adresse: SteelTownMan, Postfach 44, A-4025 Linz, Tel. & Fax: +43-7224-65729
- **IronBresse in Montrevel-en-Bresse-F**, Termin Ende Juni, Adresse: La Plaine Toniquc, Bruno Lagarde, F-01340 Montrevel-en-Bresse, Fax: +33-474-308321
- **Holland Triathlon in Almere-NL**, Termin Anfang September, Adresse: De stichting Holland Triathlon, PO Box 50155, NL-1305 AD Almere, Fax: +31-3653-47287

- Der **Aitoman** in Moorea bei Tahiti ist ein absolutes Highlight in meiner Laufbahn als Ironman-Globetrotter gewesen. 1998 konnte ich mit vielen bunten Fischen im warmen Wasser schwimmen. Auch sonst ist es heiß, heiß und nochmals heiß. Der Marathon war 6 km länger, dafür die Finisher-Party ein echtes Erlebnis. Die Medaille ist eine echte Muschel. Anmeldeunterlagen und Infos inklusive Reiseprogramm gibt es bei:
  Dorothee's Flugservice
  Calwer Straße 20
  D-75385 Bad Teinach
  Tel. +49-7456-939211
  Fax. +49-7456-939220

Links zu weiteren Ironman-Veranstaltungen:
www.ironmanflorida.com (Florida)
www.ironmanafrica.com (Südafrika)
www.ironmancalifornia.com (Kalifornien)
www.ironmanlangkawi.com.my (Malaysia)
www.ironmanasia.com (Korea)
www.happynet.at (Austria)
www.ironmanusa.com (Lake Placid)

Wem es nach der Ironman-Distanz **nach «Längerem»** gelüstet, der ist mit dem Jahrbuch der Ultralang-Triathlons bestens bedient. Das Werk kostet 50 DM und enthält alle Adressen, Berichte und Ergebnis-Listen ab Doppelt- bis 15fach Ironman. Adresse: Hans-Joachim Dilg, Mathildenstraße 12, D-66119 Saarbrücken, Tel: +49-681-55494.

Um solche Anlässe erfolgreich zu bestehen, braucht es einen «Support-Plan». Eine Kopie meiner Pläne (bitte auf euch selber anpassen) gibt es gegen Rückporto unter folgender Anschrift:

- Ole Petersen, SPORTcheck-up, Römerstraße 176, CH-8404 Winterthur, Fax: +41-52-243 00 63

Adressen von Unternehmen, die **Leistungsdiagnostik und / oder Trainingsplanung** durchführen:

BRD:

- Predia Sport, Virchowstr. 22, D-97072 Würzburg, Tel: +49-9 31-8 60 62
- Medisport, Otto-Seeling-Str. 2, D-58455 Witten, Tel: +49-23 02-27 68 77
- Medizinisches Zentrum **Parkhöhe**, Hufelandstraße 18–20, D-34537 Bad Wildungen, Tel: +49-56 21 70 30
- MSG, Ärztehaus Peiner Str. 2, D-30519 Hannover, Tel: +49-511-84 20 40

CH:

- check-up AG, Postfach, CH-8404 Winterthur
- Gut Training, Heilbadzentrum, CH-7500 St. Moritz, Tel: +41-81-83 35 52 54
- Dr. Bielinski, Ave. Pierre-Decker 4, CH-1005 Lausanne, Tel: +41-21-310 36 27

A:

- Reha-Sport, A-5252 Aspach 162, Tel: +43-77 55-69 01

Die Noene-**Dämpfungseinlagen für Laufschuhe** (s. S. 156) gibt es bei:

BRD:
Klaus Blessing, Tarodunumweg 51, D-79199 Kirchzarten, Fax: +49-76 61-98 19 78

CH:
Wirth Sport, Winkelriederstraße 25–27, CH-6003 Luzern, Fax: +41-41-2 10 38 57

A:
Ako san, Peter Handler, Schrändelgasse 6, A-7142 Illmitz, Tel.: 0 21 75-38 48

Bezugsadressen für **Pulsmesser** gibt es bei:

BRD:
Polar Elektro GmbH Deutschland, Hessenring 24, D-64572 Kirchzarten, Tel.: 0 61 52-92 36-0, Fax: 0 61 52-92 36-20

CH:
LMT Leuenberger Medizintechnik AG, Industriestraße 19, CH-8304 Wallisellen, Tel.: 01-8 77 84 85, Fax: 01-8 77 84 99

A:
Comesa GmbH, Baldassgasse 5, A-1211 Wien

Bezugsadressen für **Squeezies** gibt es bei *www.squeezy.de*

- BRD: ACS Vertriebs GmbH, Marienberger Str. 6 c, D-38122 Braunschweig, Tel: +49-5 31-2 87 29 16
- CH: Roy Hinnen GmbH, Postfach, CH-8906 Bonstetten, Tel: +41-1-7 00 33 32
- A: Energy Experts, Holzbergweg 6, A-4400 Steyr, Tel: +43-72 52-7 83 15

Buchempfehlungen:

«Erfolgreiches Radsporttraining» von Wolfram Lindner, München 1993

«Jeder ist ein Athlet» von Dr. Maffetone, München 1992

«Mentale Trainingsformen in der Praxis» von Hans Eberspächer, 1990

«Essen Trinken Gewinnen» von Wagner & Schupp, 1991

«Aufwärmen im Sport» von Jürgen Freiwald, Reinbek 1991

«Ausdauertraining» von Fritz Zintl, München 1997

Wer die Themen des Buches mit dem Team der SPORTcheck-up «**live**» erleben und diskutieren möchte, ist gerne an **unseren Seminarien** willkommen. Wir bieten diese 4 x pro Jahr regelmäßig im November und im Februar in Winterthur, Frankfurt und Stuttgart an. Eine Seminarbeschreibung finden Sie auf der nächsten Seite. Wir freuen uns auf Ihren Besuch.

Der Autor

Ole Petersen, dänischer Abstammung, geboren 1961, studierte Betriebswirtschaft in Düsseldorf. Er war im Vertrieb, Export und in der Werbung tätig, leitete als Geschäftsführer mehrere Jahre ein mittelständisches Unternehmen mit 130 Mitarbeitern.

Er war bis zum 30. Lebensjahr Nichtsportler, starker Raucher und leicht übergewichtig, organisierte dann im eigenen Betrieb Laufgruppen, begann 1989 mit Triathlon, absolvierte bis 1999 neben Beruf und Familie über 40 Ironmen und stellte 1997 über die dreifache Ironmen-Distanz (11,4 km Schwimmen, 540 km Velo und 126 km Laufen) mit 39:33 h einen Schweizer Rekord auf. Er hat somit alle Phasen und Leiden vom rauchenden Bewegungsmuffel bis hin zum Ultra-Triathleten der Weltklasse durchlebt.

Er führt heute in Winterthur das auf betriebliche Gesundheitsförderung spezialisierte Unternehmen « fit im job AG ». Ole Petersen gewann mit seinem Team den Schweizer Innovationspreis und erhielt die Auszeichnung « Innovativer Unternehmer 2004 ».

Briefadresse:
Ole Petersen
fit im job AG
Römerstraße 176
CH-8404 Winterthur
Schweiz

Weitere Informationen unter
www.fitimjob.ch und
www.fitimjob-online.ch

Fotonachweis

Petersen
21, 31, 32, 33, 43, 79, 127, 129–134, 148, 149, 159, 170, 171, 173, 174

Guthier
56, 144, 145, 152

Sportpressefoto Bongarts
36/37, 160/161, 176/177

Lichte
61, 154–157

ACS
172

Rech und Partner
20

Ole Petersen
Marathon
Das 4-Stunden-Programm
(19486)

Ein Buch für alle Freizeit-, Hobby- und Ausdauersportler, die schon einmal mit dem Gedanken gespielt haben, einen Halbmarathon oder Marathon zu bewältigen. Das ist leichter als gedacht, denn Ole Petersen, Rekordhalter auf der Double-Ironman-Distanz, steht dafür, dass es möglich ist, mit einem Trainingsaufwand von nicht mehr als durchschnittlich vier Stunden pro Woche dieses Ziel zu realisieren.
Vor allem wendet sich dieses Buch an die so genannten «Finisher», deren Hauptinteresse es ist, die langen Strecken zu bewältigen und nicht unbedingt im Spitzenfeld abzuschließen. Doch auch Leistungssportler können dieser sanften Methode vieles abgewinnen.